西表島・船浮からのメッセージ

# 不便が残してくれたもの

池田 卓



ボーダーインク

まえがき

# 無いものねだりより、あるものに感謝する

僕は、沖縄県西表《いりおもて》島にある「船浮《ふなうき》」という集落で生まれ育ちました。そこは「陸の孤島」「離島の離島」と言われ、西表島内にありながら道路交通網から孤立し、道の最終地点から船でしか渡ることができません。四十人が暮らすのどかな集落に、小中学校はありますが、児童はたったの二人。

子どものころは、中学を卒業して島を離れ、都会に出てから「僕の人生は始まる」と、本気で思っていました。

しかし、故郷を離れると、不思議と故郷が恋しくなるものです。僕の場合、二十歳前後の早い段階で、「将来は船浮に帰りたい」と思うようになりました。

ただ、都会の便利な生活を知ってしまい、それに慣れてしまった僕には、「船浮での不便な生活に耐えられるのか？」という不安がありました。

音楽の道を目指し、ご縁とタイミングに恵まれ、二十一歳のときにデビュー。「この子はおもしろい、魅力があるね」と、いろんなところで歌う機会、話す機会を頂きました。しかし、音楽業界やマスコミの方《かた》が喜んで飛びついたその魅力とは、僕自身ではなく、ド田舎「船浮出身」ということだったのです。

そんなこともあり、船浮での取材や、テレビの収録も多くありました。あるテレビ番組の撮影で、ディレクターさんが「船浮に住む理由は何ですか？」と、僕の両親にインタビューしていました。僕のデビュー曲、「島の人よ」のオンエアーに繋がるようなコメントが欲しかったのだと思います。

その質問に両親は笑いながら、「ここが一番便利だから」と、口を揃えて答えていたのです。電気もガスも水道も電話も、自由に使えるようになった今は、昔に比べると確かに便利になったかもしれない。でも、「一番便利」とはどういうことか？　自然に囲まれて、「一番豊か」ならわかるけど、「便利？」

この言葉の意味を、心から理解したいと思った僕の、島の宝探《たからさが》しが始まりました。

何もない島を便利と思うまでは、長く険しい道になるかと思っていましたが、子どものころ祖母が教えてくれた言葉に、ヒントが隠されていまいした。

「無いものねだりより、あるものに感謝しなさい」

不便な島には、無いものがたくさんあります。でも、無いことで残ってきたものも、たくさんあることに気付いたのです。

それらのものは、かけがえのない、大切なものばかりでした。

目次

## 第三章　船浮の生活　103

第四章　八年ぶりの「こいのぼり」　157

# 第一章

# 不便が残してくれたもの

# 池田のばあちゃんの買いもの

船浮《ふなうき》には、自動販売機が二つあるだけで、コンビニや商店などの日用品や食料を購入できるお店は一つもありません。

今でこそネット通販で、衣料品など様々なものを届けてくれる時代になりましたが、沖縄の離島ということもあって、追加送料なしで届く商品はごくわずかです。

一昔前の話になりますが、生前うちの祖母は、電話で買いものをしていました。

「もしもし、船浮の池田ですけど、卵ひとパック下さい」

電話の先は、二つ隣りの集落「祖納《そない》」にある「星砂《ほしずな》スーパー」です。星砂スーパーのレジの後ろには、たくさんの島の人の名前と金額が書かれた、大きな黒板がありました。

電話を受けたスーパーのお姉さんは、店内にある卵ひとパックを新聞紙にくるみ「船浮・池田」と書かれたビニール袋に入れ、後ろの黒板に「池田250円（卵）」とチョークで書き込みます。

西表《いりおもて》島の東部と西部を一日四便運行している定期バスも、昔は午前と午後の二便だけでした。バスが店の前を通る時間になると、スーパーのお姉さんは卵の入った袋を抱え、店前のバス停でバスを待ちます。バスが来ると手を上げ、卵の入った袋だけを運転手さんに手渡します。

「船浮の池田のばあちゃんの卵です。白浜《しらはま》までお願いしますね」

バスの運転手さんの横にはいつも、こうして託された荷物が並んでいました。終点、白浜に着いた卵は、バスの運転手さんから、定期船の船長さんへ手渡されます。

「星砂スーパーから池田のばあちゃんの買いもの預かりました。お願いします」

「はい。ありがとうございます」定期船の船長さんは、自分たちが住む地域のお年寄りの荷物を運んでくれた、バスの運転手さんにお礼を伝えます。

定期船が船浮に着くと、船長さんは、そこらへんで遊んでいる島の子どもを呼んで「池田のばあちゃんに届けてちょうだい」と卵の入った袋を預けます。

手渡された卵は、ゆっくり走る自転車のカゴの中で最後の旅をして、「ばあちゃんの卵って」と、ようやく池田のばあちゃんのもとに届けられるのです。

池田のばあちゃんの卵のために、どれだけの人が関わり、どれだけの「お願いね」「ありがとうね」の言葉が交わされたことでしょう。

島は不便です。どんなにお金があっても、一人では生きていけません。不便だからこそ、助け合い、支え合い、協力し合い、みんなで生きているのです。

今の日本は、便利になりすぎたように思います。スマートフォンとクレジットカードさえあれば、一人で生きていける世の中になりました。宅配ボックスを利用すれば誰にも会うことなく、何でも手に入る時代です。

お金さえあればどうにかなる。お金さえあれば……。

便利と引き換えに、少しずつ大切なものが失われていくようです。


気になる支払い方法ですが、その当時、島の人が船に乗って買いものに出かけるときは、近所の人に声を掛け合っていました。

「おばぁ、買いもの行くけど何かあるねぇ？」

「何もないけど、スーパーにお金払ってきてちょうだい」

こうして支払われた池田のばあちゃんの卵代は、黒板の「池田２５０円（卵）」の文字が消されると完了となるのです。

みんなで助け合いをまわすから「ゆいまーる」。

不便が残してくれた、いつまでも変わらないで欲しい島の風習です。

## 調子が悪い

うちの父は、何でも直して使います。どうしても直らないものは、他のものを直すときの部品取りに使うからと、捨てずに大事に保管しておきます。そのうち物置小屋《ものおきごや》はいっぱいとなり、入り口までいつ使うかもわからないもので埋め尽くされてしまうので、知らん顔して母が定期的に処分していますが、そうでもしなければ家《うち》も、今問題になっているゴミ屋敷になっているかもしれません。

ただ、捨てずに部品取りに残しておくのにも理由があります。父が大切に使っている機械類は昔のものが多く、部品を注文したくてもすでに生産中止になっていて、その部品がもう手に入らないことが多いのです。

砂利《じゃり》道《みち》が大半を占める船浮《ふなうき》。地域清掃、庭の手入れ、道端の掃除と、草刈り機が必需品です。もちろん家にも、父と僕が使うものとで二台あり、月に数回はお世話になっています。

父と二人で、裏山の草刈りをしていたある日のこと。父の草刈り機がかからなくなったので、「壊れたか?」と聞くと、「調子が悪いなぁ」と父。そういえば父は、「壊れた」ではなく「調子が悪い」という表現を好んで使うのです。「携帯電話の調子が悪い。懐中電灯の調子が悪い。電気ポットの調子が悪い」

物置小屋で、面影もないほど完全に分解された父の草刈り機は、捨てずに保管してあった他の草刈り機から部品を調達できたおかげもあって、見事に復活していました。

不便が残してくれたものの一つ。「もの」を大切にするということ。

島では簡単に買いものができません。草刈り機を買おうと思っても、売っている場所がありません。壊れて修理に出したくても、電器屋さんやホームセンターもありません。

壊れたらたいへんだから、壊れないように大事に使います。大事に使っているものは長持ちするものです。長持ちして愛着がわいたものでも、使っていれば壊れるもの。そのときは、どうにかしてでも必ず直したいと思うものです。こうして修理を繰り返し、一つのものを大事に使っていくのです。

一度直すことができれば次からの修理は簡単になり、やっていくうちに、こんな症状ならどこが悪いとわかるようになるとのこと。長く使い続けるためには、最初に購入するとき、値段が高くても「仕組みの丈夫なもの」を選ぶようにすることが重要のようです。

ただ最近は、パソコンや携帯電話などを筆頭に、値段の割にもろかったり、古くなるとサービスが提供されなくなったりと、便利なものだけど、ずっと使い続けられないように、定期的に購入しないといけないように作られているとしか思えません。そんな意地悪な考え方をしなくても、目まぐるしく変化していく世の中では、同じものを使い続けることが難しくなってきたように思います。

「壊れた」は、現代人の口癖です。僕もそうですが、どんなものでも壊れたからと、すぐに新しいものに買い替えてしまいます。

「調子が悪い」は、ずっと使い続けるもの、または簡単に買い替えることのできない、高価なものに対して使う言葉です。体の調子が悪い、車の調子が悪い、船のエンジンの調子が悪い。最近では、車も「調子が悪い」ではなく「壊れた」の方が、一般的かもしれません。

草刈り機も携帯電話も懐中電灯も電気ポットも、島では全てのものが、壊れてはならない、ずっと使い続けたい大切なものなのです。

「ものを大切にする」大人をみて、子どもたちは育っていきます。

不便が残してくれた、かけがえのない環境です。

# ヒーローより大人

僕たちが子どものころ、「将来の夢は?」と聞かれると、口を揃えて「早く大人になりたい」と答えていました。僕の場合は欲張りで、豊年祭《ほうねんさい》では力石《ちからいし》を持って、節祭《シチィ》では船の舵を取って旗頭《はたがしら》を持って、運動会ではリレーのアンカーで、釣り大会では大きな魚を釣ってきてといった具合に、そのときにかっこいいと感じた全てになりたいと思っていました。

島の子どもは、影響されやすいと言われればそれまでですが、憧れる力に非常に長けていると思います。その憧れも、ウルトラマンや仮面ライダーなど、テレビの向こうのヒーローではなく、島の大人たちです。実際、島にはかっこいい大人がたくさんいます。正しく言えば、あるときだけ特にかっこいい大人です。祭りのとき、作業をしているとき、踊っているとき、海にいるとき、山を歩いているとき。

近頃は、夢を持たない子どもが増えていると聞きますが、逆に、夢を与えられるほど魅力のある大人が、減ってきているのではないでしょうか?

僕たちが憧れていた島の大人は、毎日、朝早くから夜遅くまで働き、面倒くさいことにもいつも一生懸命で、強く頼もしい人でした。なんでも好き嫌い無く残さず食べ、壊れたものを何度も修理して使い、物や食べものを大切にしていました。よく笑い、礼儀をわきまえ、お年寄りを心から敬い、誰にでも優しい人でした。学校の先生は、将来結婚したいと思うほど素敵で、何でも知っている凄い大人でした。

そんなかっこいい大人に憧れ、年を重ね、いつのまにか大人になった僕たち。今の子どもたちに、夢を与えるようなかっこいい大人になれているでしょうか？

子どもたちにほんとうに影響を与えるのは、芸能人やプロスポーツ選手、テレビのヒーローではなく「身近な人」です。まだまだ到底真似できないかっこいい大人の姿に憧れて、島の子どもたちは「すごいな」「いつか僕も」「大人になったら」と目を輝かせるのです。

船浮《ふなうき》の豊年祭の翌日、毛布をかぶり獅子舞《ししまい》の真似をする、島の子どもの姿がありました。子どもと大人の距離が近く、僕たち大人のことを、ちゃんと見てくれている子どもたちがいる。子どもたちに、日頃から活躍する雄姿を見てもらえる環境がある。

もしかすると一番幸せなのは、島に住む「大人」なのかもしれません。

# すぐやる力《ちから》

不便な島では、何もかも手間暇がかかります。島の人は、それをカバーするかのように、とにかく良く動きます。それと決めたら、サッと取りかかり、サッと済ませて次のことに取りかかります。父は特に早く、これをしなければならないと感じたら、すぐさま行動します。厄介なのが、人を巻き込んで自分のタイミングで「やろう、はいっ」と言いだすことです。いつかはやらないといけないこと、誰かがやらないといけない島のことだとわかっていても、巻き込まれた側は「今?」となってしまいます。

ただ、必要と感じたことを「今すぐやる」か、「しばらくしてやる」かの少しの時間の差に、かなり大きな違いがあるようです。

僕の場合、「他にやることがあるから」「ちょっと休憩してから」と、少し先延ばししてしまう癖があります。そのあいだに、また別の用事が入ったり、雨が降ってしまったり、風向きが変わったりして、その日に取りかかれなくなることがよくあります。そうなると、明日やろう、明後日やろうと、ずるずるずるずる。結局やらないまま、やる必要も無くなり、できない人になってしまうのです。

また、先延ばしした少しのあいだに休憩していると、いろいろ考えて腰が重たくなり、やるべきことが面倒くさいことに変わってしまうことがあります。そうなると、だらだらだらだら、エンジンがかかるまでに時間も労力も使ってしまいます。

すぐやると、意外とサッと終わるものです。その、サッと行動していることが心地よくて、その日は他のことにもどんどん取りかかり、充実した一日を送ることができます。すぐやると、他の人に指摘される前にやるので、気分を害して取りかかることもありません。すぐやるには、初めの一歩が大変なだけで、動き出すと体も気持ちもスムーズにいくものです。何より、すぐやる習慣が身に付きます。

なんでもすぐやる習慣が身についた人の行動力には、圧倒的な力があります。

気付いたことや頼まれごとをあとまわしにしていませんか？　今すぐできることでもほったらかしにしていませんか？

仕事でも遊びでもプライベートでも、やりたいこと、やるべきことを「すぐやる人」が、結局全てを手に入れるのです。

# 立ちっぱなし

立っている人に頼みごとをするのと、座っている人に頼みごとをするのとでは、立っている人に頼む方が、引き受けてくれる可能性が断然高いというデータがあるようです。

確かに僕の場合、腰かけているときだと引き受けるのにワンテンポ遅れてしまい、どうせ引き受けるならもう少し心地良い返事をすればよかったと、あとで反省することがよくあります。

言われてみると、立っているときや歩いているときに頼まれたときは、用事の途中でも「OK」「やっとくよ」と、あっさりと引き受けていることが多いような気がします。

そのデータを知るまでは考えたこともありませんでしたが、座っているときよりも、立っているときの方が心も体も軽く、スムーズに動けるので、引き受ける可能性が断然高くなるという理由にも納得できます。

人手を借りたいとき、携帯電話で誰かを家から呼び出すより、そこらへんを歩いている人にお願いすることが船浮《ふなうき》ではよくありますが、それも理にかなっているのかもしれません。

船浮は小さな集落なので、集落内の移動は歩きがほとんどです。自分のこと以外でもやることがいっぱいあるので、不便を行動力で補おうと、船浮の人は意外とテキパキしています。こっちで作業をしていたと思ったら、あっちで手伝いをしていたり、動いている時間、要するに立っている時間が一日の大半を占め、立っているからなおさらフットワークも軽くなる。不便であることが、逆に良い循環を生み出し、心も体も軽い状態で日常を送ることが習慣となっているため、船浮には働き者の「スーパーマン」「スーパーウーマン」があちらこちらにいるのです。

その中でもうちの母は、スペシャルです。

朝早くから「Café いかり」のそば汁を作り、「民宿ふなうき荘」の女将さんとして、朝食、夕食の準備、後片付け、各部屋の掃除や、シーツ、タオルの洗濯など、民宿の全ての仕事をこなします。長年教員を務めていた母は、とっくに定年していますが、産休の先生の代役として、日中は学校にも通っています。船浮公民館の館長も務め、地域の民生委員もしているので、各種集まりや、他の地域の行事にも積極的に参加しています。船浮と白浜《しらはま》を結ぶ定期船を運航する「船浮海運《ふなうきかいうん》」の会社立ち上げからの立役者で、無償の役員でもあります。

祖母が熱中症で倒れ、亡くなるまで五年間、一日も休まず祖母の介護をしていました。

一日中立ちっぱなし、歩きっぱなし、働きっぱなしにもかかわらず、母はいつも元気いっぱいで、「忙しいのは何とも思わん」と、多忙な日々を豪快に笑い飛ばしています。いつ寝ているかもわからないほど、忙しくたいへんなはずなのに、少しでも時間にゆとりができると、子守りをするからと幼いうちの子を迎えに来てくれます。

人というものは、どうにかして楽をしようと考える生きものです。島の生活は、それを拒《こば》むかのように忙《せわ》しく、そう考える暇すら与えてくれません。

しかし、船浮の人を見ていると、不便で何もかも手間暇がかかり、時間も労力も奪われる敬遠されがちな環境が、いつも明るく疲れ知らずのパワフルな人材を育《はぐく》んでいるような気がしてならないのです。

そんな船浮にいる僕も立ちっぱなしの人生になりそうですが、フレンドリーで魅力ある人になれるのなら、どんとこいです。

## いつでも誰かに手を差し伸べられる幸せ

離島に移り住んだ若い人や、赴任された先生方から「島は行事が多くてたいへんだ」という話をよく聞きます。確かに島は、伝統的な祭りだけでなく、島興しなどの新しいイベント、お祝い、法事、学校やＰＴＡ、青年会に育成会、公民館の年間行事など、全員参加する機会が何かとあり、そのたびに休みを返上して参加しなければなりません。島の青年たちは、それに向けての話し合い、買い出し、山や海へ食料調達、料理、配膳、テント・椅子・机などの会場設営、片付け、反省会の準備、後片付けにと、てんてこ舞いです。

二十年ほど前に読んだ本の中に、「幸せな生き方とは、人に半分あげる生き方である」という言葉がありました。時間もお金も労力も、半分は人のために使う生き方が、一番幸せなのだと。10あれば5を人のために使う。どうしても10必要なら、20得る努力をする。そうすれば手元に10残るので、その半分を人のために使うことできるという話でした。

素敵な考え方なので実践したいところですが、考えてみると、島では半分どころか、休日のほとんどの時間と労力を、地域や学校、他人《ひと》のために使っていることになります。小さな集落で助け合いが不可欠だとしても、これだけやらなければならないことが多いと、少々の愚痴をこぼしても仕方がないことかもしれません。

僕が、那覇に住んでいたときの話です。旅行代理店のジャンボツアーズさんから、「伊平屋《いへや》島に行くツアーがあって、そのゲストとして一緒に参加できませんか?」とオファーを頂きました。

このツアーは、休日の土日を利用して、一泊二日で沖縄本島から伊平屋島へ行き、ツアーの参加者と島の人が一緒になり、昼はビーチクリーン(海岸清掃)、夜は交流会を企画しているとのこと。交流会のステージでは、歓迎と感謝の思いを込めて、島の人たちが踊りなど島の芸能を披露。その交流会の最後に、池田卓《いけだすぐる》ライブステージをお願いしたいということでした。

「ジャンボさん、素晴らしい企画でもちろん参加させてもらいますが、いくらなんでもお金を払って、他人《ひと》の島に行って掃除をするとか、絶対にお客さんは集まらないと思います」と、生意気に噛みつく僕に、「もう何年も継続している人気のツアーで、おかげさまで今年もすでに完売しております。ちなみに、来月の与那国《よなぐに》島でのビーチクリーンツアーもすでに定員に達しております」とジャンボさん。ただただ、驚きました。

その後、伊平屋島に続き、与那国島のツアーにも連れて行ってもらいましたが、ツアーに参加された方と島民が一緒になってゴミ拾いで汗を流し、交流会ではレベルの高い芸能が披露され、素敵な出会いも多くあったほんとうに素晴らしい旅行ツアーでした。

沖縄本島のあちらこちらで、いろんな団体さんが主催しているビーチクリーンにも、毎回たくさんの方が参加されています。災害に見舞われることが多くなり、日本各地に点在する被災地にも、たくさんのボランティアの方が駆けつけて下さっています。

このように、地域や他人のために、時間や労力を使いたい人が、日本中に増えているのです。

その背景には、プライバシーや権利、個人の自由をうたうあまり、一人ひとりが孤立してしまった現状があります。向上していくボランティアへの意識とは裏腹に、地域や他人《たにん》との距離は離れていく一方です。誰かの役にたちたい、助けになりたいと思っても、手を差し伸べる相手を自分の周りでみつけることが難しくなってきました。何をすれば自分が必要とされるのか、どこに行けば自分の居場所があるのか、もう自分では分からない時代になってしまったのです。

都会では、パソコンや携帯電話で、参加できるボランティア活動を探し、応募してボランティアに参加するそうです。中には、募集の何十倍もの人が殺到し、早々と定員に達し募集が打ち切られていたり、抽選や面接になったり、参加すらできないボランティアもあるそうです。

必要とされたいのに、必要とされない。手を差しのべる環境が「全く無い」ということは、どんなに寂しいことでしょうか？

島では、いつでも人に手を差し伸べることができます。いつでも誰かを助けることができます。いつでも誰かに必要とされています。

その機会が極端に多すぎて、なかなかそう思うことは難しいかもしれませんが、一番幸せな生き方ができる「贅沢な環境」が、ここには残っているのです。

# 魚の匂いに勝るもの

島の人は釣りが好きです。釣りたい魚によって、釣り方や時間帯は異なりますが、船浮《ふなうき》周辺には釣りのポイントがたくさんあります。

父はよく夜釣りに出かけ、ミミジャー（ヒメフエダイ）を狙いながら、フエフキダイ類やフエダイ類、ミーバイ（ハタ科）などをクーラーボックスのいっぱい釣ってきます。その魚は、民宿や自分たちで食べるものなので、もちろん自分たちで捌《さば》かなければなりませんが、父は夜中に戻ってくるので、お風呂に入ってそのまま就寝。釣ってきた魚を捌くのは、決まって翌日の早朝です。

子どものころ、「朝から魚をこしらえたら、手が一日中魚の匂いして嫌じゃないか？」と父に聞いたことがあります。父は「石鹸で洗ったら何も匂いせんさ」と。いやいや、あれだけの魚を捌いて、手についた魚の匂いがすぐに落ちるはずがない。石鹸で何度洗っても、簡単に落ちるものではない魚の匂いを、父が気にしていないだけだと思っていました。

沖縄本島から、島に移り住み、数ヶ月経《た》ったある日のこと。父が、あの頃と同じように、朝から釣ってきた魚を捌いていたので、珍しく早起きしたし、お風呂に入ればいいことだからと、一緒に魚を捌きました。そのあと、船を洗ったりオイルを交換したりといろいろして、気が付くと僕も、一度手を洗っただけなのに、不思議と魚の匂いが全くしないのです。

そのとき、「行動力」の違いで悩みも変わるものだと思いました。

魚だけしかさわっていなければ、魚の匂いしかしません。だからずっと気になって、手を洗い続けます。父は、魚を捌いたあと、手の匂いを気にする暇もないほど、次から次へと何かに取りかかります。船の点検や畑仕事、何かを作ったり直したり。行動力がある人は、小さなことをいちいち気にしていられないのです。

人というのは、暇なときほど小さなことにくよくよしたり、他人のことが気になったり、些細なことをいつまでも引きずったりするものです。

何事にも手間暇がかかる不便な島だからこそ、やることが多くなり、小さなことを気にする暇もなく過ごせているのかもしれません。

「忙しいことは、良いことだ」

よく聞く言葉ですが、ほんとうに良いことが多いようです。

# 無いことを知る強さ

僕たちは有難いことに、平和も自由も平等も、「全てある時代」に生まれ育ちました。物や食べものや娯楽がありあまるほどあり、何でも「あることがあたりまえの時代」です。

近年、手間暇をかけなくても済む道具や、便利なサービスが次々と登場してきました。「便利なもの」は、かつて必要としてなかったものかもしれませんが、一度その便利さを知ってしまうと、その後はそれなしでは過ごすことができない必需品となってしまいます。

こうして「無いといけない」ものが多くなり、一つでも欠けてしまうと僕たちは「不便」と感じてしまうのです。

僕は、便利な場所、便利な世の中にこそ、「不便」が多く潜んでいると思っています。「あったものが無くなったとき」に感じる不満こそが「不便」の正体だからです。

同じ「あることがあたりまえの時代」でも、離島や山あいなどの僻地、田舎や不便だと言われている場所で生まれ育った人たちは、少し違うようです。

僕の住む西表《いりおもて》島の船浮《ふなうき》は、不便な場所だとある程度予想して来た人でも、「ほんとうに何もないね」とびっくりするほどの田舎です。日本の不便な場所ランキングがあるなら、間違いなく上位に君臨するでしょう。

コンビニやスーパー、商店などのお店、郵便局や宅配サービス、ガソリンスタンドや整備された道路など、無いものが多く、一つひとつにとても手間暇がかかります。日常生活を支えるインフラやサービスも万全ではなく、交通の便はお世辞でも良いとは言えません。それでも島の人は、さほど不便を感じていません。

それは、「無いことがあたりまえ」の生活を送っているからだと思います。島で暮らす僕たちは、もともと、ものやサービスがあまり無い中で生活しているので、いざ無くなったときでも、慌てることもイライラすることもありません。携帯電話の電波が入らなくなったり、お店に商品が並んでいなかったり、台風などで停電が続いても平気です。

子どものころ、台風が来るとなると、二〜三日の停電は覚悟していました。台風が二つ続き、荒天で石垣《いしがき》島から電気の復旧に携《たずさ》わる作業員さんが島に渡って来れないと、そのまま一週間停電ということもよくありました。

食料が尽きたときはみんなで分け合い、米や醤油を貸し借りする風景があちらこちらにありました。電気が無いなら、差し込む光を頼りに読書をしたり、楽器を取り出して演奏したり、堂々と昼寝をしたりと、電気の無い生活を楽しんだものです。

「あったものでも無くなることがある」「天候によりできない場合がある」「無い期間が長く続く」というのは、日常茶飯事で島の人には想定内。ちょっとやそっとのことで不平不満を言うこともなければ、不便だと思うこともありません。

島のじいちゃん、ばあちゃんは、もっとすごいです。僕たちが不便だと思うことでも、たいへんだと嘆《なげ》くことでも、「昔に比べたらなんでもないさ」と、笑いながらこなしていきます。

島のじいちゃん、ばあちゃんには、平和や自由、平等、与えられるべき権利、道具や物、食べるものすらない、戦中、戦後の「無い時代」を必死に生き抜いてきた壮絶な過去があり、どんなことにも感謝できる「本物《ほんもの》の強さ」があるのです。

都会と離島では、どっちが不便かというと間違いなく離島の方ですが、どっちが不便を感じているかという話になれば、何もかも揃い、便利であることがあたりまえになった都会の人の方だと思うのです。

「離島に住んでいるけど、やっぱりここは不便だ」と、島での生活に不便を感じている人の大半は、島に住みながら、都会と同じような生活環境やサービスを求めてしまっているのかもしれません。

あることがあたりまえではなく、無いことがあたりまえの環境が、豊かな心を与えているのです。

## 仲良田節《なからだぶし》と健康診断

医療問題は、離島が抱える大きな課題のひとつです。西表島《いりおもて》には、東部と西部に一つずつ診療所がありますが、僕たちの住む西部にある診療所には、常勤医師も看護師も不在(二〇二〇年二月現在)で、隣の石垣島《いしがき》にある「八重山病院《やえやま》」から交代で医師を派遣してもらっている状況です。西表島の人口は二千四百人ほどですが、その何十倍もの観光客も利用する診療所と考えると、お世辞でも十分な医療体制とは言えません。

島には消防署もないので、その役割は、島の青年で構成された消防団が担っています。島の医療を下支えする消防団の意識は高く、救急搬送や消火活動をはじめ、海難救助や山岳救助、捜索活動にも積極的にかかわり、消防署が無い不安を感じさせないほど頼もしい存在です。僕も、船浮《ふなうき》分団の副団長を任されていますが、救急・人命にかかわることは、専門的な知識と、臨機応変な対応が求められる場合が多く、各種訓練や講習会に参加するなど、まだまだ勉強の身です。

船浮で風邪をひいたり怪我をした場合は、船と車を乗り継ぎ、西部診療所で診てもらうことになります。手術、入院、出産となると、近くても石垣島の病院まで行かなければなりません。付き添いの家族は、ホテルや親戚、知人宅にお世話になるなどして、病院に通うことになります。家族にかける負担と、島の医療体制を考えると、島に暮らす人はあたりまえのことですが、物《もの》と同じように、体も大切にしていかなければなりません。

それでも長い人生に病気は付きもの。そこで大切になってくるのが、病気を未然に防ぐ健康診断です。

今日《こんにち》では、手厚い行政からの支援もあり、島でも定期的に健康診断が受けられるようになりました。その日だけ、医療スタッフと医療器具が、各島の公民館に届けられるわけです。船や車を何度も乗り継ぎ、慣れない混雑の中で受診する石垣島での健康診断を考えると、お年寄りをはじめ、島の人にとってはほんとうにありがたいサービスです。

もし、その日を逃してしまうと、一日、二日かけて石垣島の病院まで行って受診しなければなりません。だから島の人は、年に一度全員同じ日に、必ず健康診断を受けているのです。

長年、音楽業一本だった僕は、健康診断を受ける義務がありませんでした。那覇《なは》に住んでいたので、「病院はたくさんあるし、いつでも健康診断を受けれるから」と考えてしまい、気が付くと三年も四年も受けていないということもありました。

八重山の民謡に、「仲良田節《なからだぶし》」という歌があります。西表島でこの歌は、一期米を収穫してから豊年祭《ほうねんさい》までのわずかな期間しか歌うことが許されていない、神聖な歌です。

歌える期間が決められているので、その時期になると、今しか練習できない、今しか覚えられないと、みんな必死で仲良田節の稽古に励みます。その結果、難しい歌にもかかわらず、割と歌える人が多いのです。「今しかできない効果」には、不思議な力があるようです。

人は、今しかできないことを優先して、いつでもできることは後回しにしてしまいます。ただ、いつでもできると思っていることは、いつまでもやらないものです。

手間暇が省け、時間の短縮化が進む便利な世の中になりました。働く環境も変化し、昔に比べると、休日や休息も多く取れるようになりました。趣味や娯楽に費やせる自由な時間が増えてきた分、いろんなことができるはずですが、自分自身の経験からも、自由な時間が多いときほど、なまけ癖が付いてしまうものです。明日もできるし、明後日《あさって》も時間あるからと思っている間に、長い月日が経ってしまったり、それでもまだやっていなかったり。

逆に、仕事もプライベートも忙しく、自由な時間が少ないときほど、今しかできないから今のうち済ませておこうと、しっかりやるべきことをやっているものです。

離島の医療に課題があることは確かなことで、島の生命《せいめい》・財産を守るためにも改善していかなければなりませんが、離島だからこそ「今しかできない効果」で、病気を未然に防げているのかもしれません。

# 頭を下げてお金を使う

この数十年で、全ての乗りものの利便性が向上し、世界や本土との距離もぐっと縮まりました。さすがに、船浮《ふなうき》〜東京の日帰りはまだ難しいのですが、一昔前までは考えられない、船浮〜沖縄本島の日帰りも十分可能になりました。

二十代の頃、「帰ってきたよ」とお昼頃に祖母宅を訪ねると「那覇《なは》からなのに早いね？」と驚かれたものです。それもそのはず、島民がお金を払って自由に乗船できる西表《いりおもて》〜石垣《いしがき》間の船が運航し始めたころは、石垣まで片道八時間以上もかかったとか。西表島の西部と東部を結ぶ道路もなく、沖縄県で最大の河川「浦内川《うらうちがわ》」にも橋は架かっておらず、渡し船をお願いして向こう岸に渡るなど、隣の集落へ行くにもたいへんな苦労があったと聞きました。大昔のことではなく、僕が生まれる数年前の話です。

そんな「無い時代」を知っていて、同じ距離をたいへんな思いをして移動してきたからでしょうか。祖母は、船に乗るときに、深々と船員さんに頭を下《さ》げて乗船していました。降りるときにも欠かさず深々と。自分よりはるかに若い人に、丁寧に頭を下げる祖母を見て、「船員さんは相当偉い人なんだな」と、幼い僕は思ったものです。

あのころを思い出してみると、祖母だけではなく島の人はみんな、船に乗るときもバスに乗るときも車に乗せてもらうときも、運転手さんに深々と頭を下げ、乗り降りしていました。商店で買いものをするときも、ガスを交換してもらうときも、電話で何かを頼むときも、みんな頭を下げていました。お金をもらう側以上に、払う側の方が頭を下げていたように思います。それだけ有難いことだとわかっていたのです。

また、島では一人の人が、複数の仕事をしている場合がよくあります。自分の仕事の他にガス屋さん、自分の仕事の他に郵便屋さん、自分の仕事の他に新聞配達。二番目の仕事は需要がそれほどないので、その仕事だけでは成り立たないという理由がありますが、成り立たない仕事でも島にはどうしても必要なことなので、誰かがやらなければなりません。それどころじゃないけど、誰もやらなければ困る人もでてくるので、「自分がやるよ」と引き受けている場合が多くあるのです。

お金を使う側の方が、感謝が大きいと感じるのには、そんな島の事情があるからなのかもしれません。「忙しいのにごめんね」「合間《あいま》をぬってありがとうね」「たいしたお金にもならないのに申し訳ないね」「おかげさまで助かりました」

近年、「お客さまは神さまだ」の考えのもと、接客に磨きをかけ、日本のサービス、おもてなしは素晴らしいと、世界から称賛を浴びるようになりました。その一方で、お客さんのマナーの悪さやクレーマーの増加といった問題も、大きな課題となっています。

その背景には、「店員さんよりお客さんのほうが上」というか「偉い」というような空気が日本にはあるように思います。お店側が「お客さまは神さまだ」と肝に銘じ、接客するのは素晴らしいことだと思いますが、お客自身が「俺は神さまだ」とばかりに、横柄な態度でサービスを受けるのは頂けません。

お客さんにとっても店員さんは、神さまとまでいかなくても、有難い存在であるはずです。一昔前まで、お医者さん、看護婦さん、大工さん、運転手さん、店員さんと、敬意を込めて「さん付《づ》け」で呼ぶのがあたりまえでしたが、最近では、医者、看護師、大工、運転手、店員と、呼び捨てが多くなりました。

数字にも表れています。最近見たテレビ番組のコーナーで、バスやタクシーから下車する際、「運転手さんにお礼を伝えるべきか」というアンケートを実施していました。なんと、半数以上が「伝えなくてもいい」と答えていたのです。ただただ、愕然《がくぜん》としました。お礼を伝えない理由は、「こちらがお客さんでお金を払っているから」とのこと。

もちろん、利用されるお客さんがいらしてからこそ商売は成り立っております。しかし、その支払ったお金と同等のサービスや物品の提供をこちらも受けているはずです。そのサービスが受けられない、欲しいものが買えないとなると、困るのは消費者も同じです。

お礼を伝えないその中には、これだけのお金を支払う価値がなかったと、抗議の意味が含まれている場合があるかもしれません。不衛生なお店や態度の悪い店員さん、人を騙そうとする悪徳業者も確かにいます。ただ、そういうお店はもう利用することがないだろうし、そのうちなくなります。

お礼を伝える習慣が薄れてきたのは、世の中が便利になったことも影響しているように思います。電車などの鉄道を利用する際には、改札口でも、乗り降りするときでも、駅員さんにも車掌さんにも誰にも会わずに利用することができます。駐車場でも、高速道路の料金所でも、最近ではスーパーのレジでも、人に会うことがなくなりました。レジや料金所の機械化が進み、ピピピッと全てのサービスがカード一枚で利用できるようになり、混雑も手間暇もなくなりました。それと引き換えに、お礼を伝えるタイミングも失われていきました。

島は不便です。でも、だからこそ残っているものは、素敵なことばかりです。

「頭を下げてお金を使う」

もう一度取り戻したい、美しい日本の風景です。

## 足りないことが育てる

野球大好き少年だった僕の夢はもちろん、「甲子園」と「プロ野球選手」でした。ただ、その当時の船浮《ふなうき》小中学校は、全校児童生徒で十名前後。船浮での義務教育課程のあいだ、同級生に恵まれなかった僕はずっと学年一人で、野球チームどころか、練習相手やキャッチボール相手すらいませんでした。

他の学校の友達は、少年野球チームに所属していて、恵まれた環境でライバルたちと競い合い、夢を語り合い、レベルの高い野球を学んでいる。少しでも追いつき離されないためにも、毎日それ以上の練習をしなくてはいけない。

「無いものねだりより」と、編み出した練習法が、壁あてでした。大きなコンクリートの壁に、赤いチョークでストライクゾーンを書きこみ、そこにひたすら投げ込むという単純なもの。高学年になると四分割にして、内外角、高め低めとコントロールの制度を上げていきました。

ノックや実戦練習等で、ボールを取る練習ができないため、角度の違うところから壁に投げてボールを取りに行ったり、自分なりに工夫して取り組んでいました。

バッティングは素振りのみ。野球を教えてくれる人もいなかったので、民宿のお客さんがテレビで野球を見て「このピッチャーはフォームがきれいだな」と言うと、すかさず真似してみたり、その投手が左投手なら鏡に映して見てみたり、上手な人の真似をすることで覚えていきました。

いつでも、いつまでも僕の相手をしてくれる壁ではありますが、困ったことに、すぐにボールがすり減ってツルツルになってしまいます。スポーツ店も無い船浮では、父が石垣島《いしがき》に行って、新しいボールを買ってきてくれるまで、ツルツルになったそのボールを大事に使っていくしかありません。少し高いと屋根の上へ、暴投すると森の中へ消えていくボール。それでも絶対に探さなければ、練習の続きや明日以降の壁あてができません。また、そのとき飼っていた愛犬「りょう」は、ボールを咥《くわ》えて逃げて行くのが大好き。一度持っていかれると、犬の速さにはとてもじゃないけど追いつけませんが、これもまた捕まえてボールを奪い返さない限り、練習は続けられないのです。

ツルツルの一回り小さくなったボールと、ボロボロのスニーカーで、毎日欠かさず日が暮れるまで続いた壁あては球数に換算すると、毎日200球は投げていたように思います。

中学に入り、一年時の担任だった當銘《とうめ》先生の提案で、土日だけ「船浦《ふなうら》中学校」の野球部の練習に参加させてもらえることになりました。船浦中学校は、船浮から船で白浜《しらはま》にわたり、陸路で十五キロほど離れているものの、西表島西部で唯一「野球部」のある中学校です。

西表《いりおもて》島にある小中学校が一堂に会し、年に一度行われている西表地区陸上大会では、毎年上位に食い込んでいたので、走るのは速い方だとわかっていましたが、野球の実力は全くの未知数。同級生や先輩方に比べ、自分がどれだけできるのか？　不安と期待が入り混じった練習初日の緊張感は、今までで一番だったように思います。

その当時船浦中学校野球部の監督を務めていた上江洲《うえず》先生が、温かく受け入れてくれたこともあり、キャッチボールからノック、紅白戦まで思いっきり楽しみました。

一年ほどは週末の練習だけでしたが、在学していないと公式試合に出られないということで、二年生の春に行われた新人戦の期間中だけ、船浦中学校に転校しました。生まれて初めてもらった野球チームのユニフォーム。しかも背番号は「1」。少年野球経験のない僕が、なんとエースで四番になったのです。

毎日続けた壁あてのおかげです。ボールやスパイクがなかったことも、良かったのかもしれません。ツルツルのボールが握力強化に、ボロボロのスニーカーが足腰の強さに、投げ込んだ球数が地肩の強さに変わっていたのです。

後に、甲子園常連校の名門「沖縄水産《おきなわすいさん》高校・野球部」の門を叩くことになりますが、そこでも船浮の「無い環境」がプラスに転じた出来事があります。それは、百五十名余《あま》りいる部員の中で、ベースランニングが二番目に速かったのです。１００メートル走だとそれほど速い方ではないのですが、ベースランニングは15秒ジャストでプロ野球選手の中でも俊足と呼ばれるレベル。栽《さい》監督に初めて試合に出してもらったのも、投手ではなく代走でした。

それも今考えると、船浮小中学校のカーブのきつい、小さなトラックで走り込んでいたからだと思います。通常の２００メートルや４００メートルトラックと違い、船浮小中学校の運動場は１５０メートルしかなく、カーブがとても急なのです。運動会でも、大人や速い人は必ずと言っていいほど転んでしまう魔のカーブ。僕は幼いころからそのトラックで走ってきたので、学年を重ね徐々に速くなるにつれ、体の傾き加減や右の腕を大きく振るなどして、スピードを落とさずにカーブを曲がる術《すべ》を身に付けていたのです。それが、ベースを直角に曲がり、スピードを落とさないベースランニングに繋がっていたのです。

離島には、「高いレベルの選手を育てる環境が無い」といって、県外留学の話をよく聞きますが、人は「足りない環境で育っていく」ものです。環境が絶対と言うのなら、オリンピックの金メダリストは必ず、東京やニューヨークなどの大都市から出ているはずです。

足りない環境を補おうと努力する間に育まれた何かが、ここぞというときに大きな武器となり、助けてくれるのです。

「無いものねだりより、あるものに感謝する」

環境は、「あること」も有難いことですが、「無いこと」もまた、有難いことなのです。

# 個性の時代

「無いものねだりより、あるものに感謝する」という考え方は、ものや環境に対しての考え方であり、決して今の自分に満足しなさいということではありません。豊かな人生を送るうえで、向上心は欠かせません。自分に無いものを追求し、できるようになるために努力をしたり、スキルアップしたり、知識を蓄えたり、常に上を目指して取り組むことはとても大切なことです。

「個性の時代」と言われるようになりました。「個性の時代だから、好きなことに頑張りなさい」「得意なことに励みなさい」「できないことに時間を費やすより、できることをさらに伸ばしなさい」と、長所を伸ばすことだけが大切だと、子どもたちに教えていませんか？

確かに、長所を伸ばすことは大切なことですが、それだけでは子どもたちはいずれ、大きな壁にぶち当たることになると思います。

人は、好きなことはほっといても頑張るものです。できないことほど、苦手なことほど、嫌いなことほど一生懸命頑張ることが、一流になるためには重要になってくると思うのです。

例え話になるといつも野球になってしまいますが、守備の要《かなめ》、ショートのポジションを競っているとします。ライバルはとても肩が強く、そのライバルと同じ場所でボールを取ってファーストに投げていては、彼がアウトにできる打球も、肩の弱い僕はセーフにしてしまいます。彼より一歩、二歩前でボールをさばいたり、捕球してから投げるまでを素早くしたり、アウトにできる方法を工夫しなければなりません。その練習を積み重ねていくうちに、捕球から送球までの無駄が省け、打球判断やフットワーク、グラブさばきや守備のリズムが良くなり、ショートのポジションを勝ちとることに繋がっていくのです。

ライバルの肩の強さも魅力です。肩の強さ＝スピードは大きな武器で、投手ならそれだけである程度のレベルまでは通用します。しかし、一流同士が競い合う高いレベルになると、スピードだけでは全く通用しなくなるのです。野球に限らず、それで生計を立てるプロのレベルになると、長所だけでは通用しないということです。スピードを落としてまで、コントロールの制度を上げたり、速い球をさらに早く見せる変化球を磨いたりと、遅かれ早かれ、できないことに挑戦しなければならないのです。

道具や環境、仕事やルール、常識や時代もどんどん変わっていきます。向上心を持って、できないことにチャレンジする習慣、足りないことを補おうとする習慣、嫌いなことほど一生懸命頑張る習慣をしっかり身に付けておかないと、どんな分野でも取り残されていく気がします。

長所に感謝して、さらに伸ばす努力を怠《おこた》ってはいけません。

できないことを補うための努力はさらに重要で、その努力の過程で培われたものが「個性」となり、その人の「魅力」となっていくのです。

# 面倒くさいの基準

沖縄水産《おきなわすいさん》高校の野球部に入部した当時、この過酷な生活は、辞めない限り永遠に続くだろうと思っていました。しかし、たいへんだと思ったのは、一年生の最初だけでした。最初だけというのは、その後《ご》、練習量が少なくなったとか、先輩やコーチが優しくなったというわけではありません。逆に練習量はだんだん増えていきました。一年生のときはとにかく必死で、辞めるか耐えるかの状況でしたが、二年生のときには平気になり、最後の夏を迎えた三年生になると、追加の練習を自ら課すようになっていきました。

人というものは「慣れる」生きものです。たいへんなことにも、厳しいことにも、その生活を続けていれば慣れて平気になっていきます。

元メジャーリーガーのイチローさんも、「努力していると自分で思っている間は全然ダメ。たいへんな努力をしていると傍《はた》から見えても、本人はそれが『あたりまえ』というところに、いつもいないといけない」と、インタビューで答えていました。この言葉からも、常日頃から厳しい練習量を「基準」にしていたことがわかります。

離島の環境もこれと似ているのかもしれません。離島の人たちはたいへんな苦労をしていると傍から見えても、不便な生活に慣れ、手間暇をかけることがあたりまえになっている島の人は、なんの苦にも思っていないことがあります。

島の人が、「たいへんですね」と労をねぎらう言葉をかけてもらった人を、不思議なまなざしで見てしまうのは、これくらいでたいへんだと言っていたら、島では何もできないと本気で思っているからです。

不便で、手間暇をかけるのがあたりまえの環境が、ちょっとやそっとのことで「面倒くさい」と思わない強い心を与え、それが島の人の魅力となっているのです。

それは、不便が残してくれた、最大の恩恵かもしれません。

便利になった今の日本では、その生活に慣れることで変わっていく「面倒くさいの基準」が、逆に作用してしまっている気がします。楽なことに「慣れる」ということです。

一度、便利な生活で楽をすることに慣れてしまうと、それまで何ともなかったことでも面倒くさいと感じてしまうものです。便利になっていくということは、あたりまえだったことがだんだん面倒くさいことに変わっていく危険性が、どんどん高まるということなのです。

ますます便利になっていく世の中だからこそ、面倒くさい環境に自ら飛び込んでいくくらいでないと、面倒くさいの基準を保つのは並大抵のことではありません。

そう考えると、少し不便な島の環境も、有難く思えてくるものです。

「便利とは、不便を失うこと」

不便を失うことは、意外と恐ろしいことかもしれません。

# やってみてわかること

船浮《ふなうき》には「節祭《シチィ》」と「豊年祭《ほうねんさい》」の伝統的な二大行事があります。少ない人数で、大きな神行事を行うことは、容易なことではありません。

一番の神行事である「節祭」では、僕たち青年会も、「ヤーフヌ手《てぃ》」「ハーリー」「アンガー」「棒術《ぼうじゅつ》」「パチカイ」「獅子舞《ししまい》」「踊り」井戸と上の川《ういぬかー》の「掃除」に「願《ねが》い」と、たくさんの役を担《にな》っています。ちなみに、ヤーフヌ手《てぃ》はハーリーまでの儀式、アンガーは巻踊りのようなもの、パチカイは狂言《きょうげん》で、願いはウートートー（お祈り）です。

幼いころからこの祭りを見て育ち、それぞれの役に憧れを抱いていました。中でもハーリーの船頭《せんどう》は、黒の着物に身を包み、東と西の船に一人ずつ、村からたった二人しか選ばれない、いつかどうしてもなりたい憧れの存在でした。船頭とは、船の一番後ろに乗り、十人の舟子が全力で漕ぐサバニ（刳《く》り船）を、櫂《かい》一本で舵を取る、まさに船の頭《かしら》。その日の波の高さや風の強さに応じた舵取りと、漕ぎ手への的確な指示が必要となり、ハーリー競争を熟知していなければなりません。船頭の一番の腕の見せどころは、サバニをUターンさせるときです。最短距離で急ターンするとサバニの横から海水が流れ込み、船が重たくなって勝負に負けてしまいます。緩やかに大きく曲がるとロスがでてしまうので、絶妙な舵取りが必要となります。

そのほか、ヤーフヌ手の歌とハーリーの競争までの歌、アンガーで歌われる四十分ほどの不規則な歌の太鼓も船頭の役割で、もちろん誰が主役とか島の祭りではありませんが、幼いころから僕の中では船頭が節祭の主役でした。

憧れるあまり、小学生のころにはすでに船頭がうたう歌もしっかり覚えていました。力《ちから》もついた中学生くらいになると、島のいろんなオジィができるくらいだから、「船頭を任されたら、俺はいつでもできる」と、生意気に思っていました。

あれから二十年の月日が流れ、とうとうハーリーの船頭を任される日がきました。

ところが、島の先輩方が簡単にこなしているように見えた、サバニの舵を取ることができないのです。どのように曲がるとかそんなレベルではなく、船をまっすぐ走らせることもままなりません。途中で父が舵を取り、どうにか儀式を終えることができましたが、迷走ハーリーと揶揄《やゆ》され、翌年からはまた漕ぎ手に戻り、船頭の動きを観察する日々が始まりました。

やってみて初めてわかることがあります。というより、全てのものごとは、「やってみなければわからない」ことだらけです。人が簡単そうにやっていたことも、ずっと携《たずさ》わってきた人だから簡単そうに見えていたわけで、やってみるとなかなかできないものです。そしてやってみて初めて、それに携わっている方々の凄さを知ることができるのです。

また、できたと思ってから極めるまでの道のりが、長く険しいものです。先人の技術の高さに驚かされ、先輩方へ尊敬の念を抱くようになります。

船浮のように小さな島だからこそ、いろいろな役割が回ってきて、それに挑戦することができ、そのたびに尊敬する人が増えていきます。

行事や祭りはたいへんだけど、この島の絆は、そんな祭りで育まれてきたものなのかもしれません。

# 細い道

子どものころ、車の運転をしながら対向車に手を挙げて合図する、島の大人たちに憧れていました。早く大人になって、車の免許を取って、知り合いもたくさんになって、向こうから来る車に、すれ違い際《ぎわ》にかっこよく手を上げたいなと。

西表《いりおもて》島では、すれ違う車がみんな知り合いなので、挨拶代わりにあたりまえのように手を挙げていたのです。かといって、島の人が対向車の運転手ばかり見ているのではありません。前から車が見えた時点で、色と形ですでに誰の車かわかっているのです。たくさんある軽トラックも、一見みんな同じに見えますが、それぞれ特徴があり、誰の軽トラックかわかるようになってきます。

僕が自動車免許を取得するころまではその風習も残っていたので、西表島にしばらく里帰りすると、その手を挙げる習慣が身に付き、あの頃住んでいた沖縄本島に戻っても、しばらくは対向車の運転手を見る癖が治りませんでした。

最近では、人口も増え、観光客が乗るレンタカーも多いので、全ての車に合図を送るわけにはいきませんが、知り合いとすれ違うときや、同じ島の海や山で働く業者の送迎車には、誰が乗っていてもすれ違い際に軽く頭を下げ、挨拶をするように心がけています。

また昔は、道幅が今と比べものにならないほど狭く、蓋《ふた》のない側溝《そっこう》が両サイドにあったため、ダンプカーやバスなど大型車両がすれ違うときはスピードを一旦落とし、お互い「申し訳ないね」と合図をおくり、側溝にタイヤを落とさないようにサイドミラーを確認しながらゆっくりとすれ違っていました。

近年、イリオモテヤマネコの交通事故防止の観点からも、主要道路が拡張され、歩道もでき、対向車を気にすることなく運転することができるようになりました。

そんな西表島でも、歴史がある祖納《そない》集落は、古い村だけに今でも道が細く、車と人がやっとですれ違えるような道が民家を結んでいます。

息子が通う「西表保育所」はその祖納集落の中にあるため、見通しの悪い交差点と、細い道を通っていかなければなりません。普段は車も人通りもそれほどないので問題はありませんが、保育所の送り迎えの時間帯となると話は別で、かなりの確率で対向車と合います。ただその道は、あきらめがつくほど細いので、無理に突っ込む車はありません。譲れる方が譲る。お父さん運転手が譲る。小回りの利く車が譲る。オジィの軽トラックが来たら迷わず譲る。そこが大きな道路なら対向車に気付くこともなく、スピードを落とすこともなく、同じ保育所に子どもを預ける親御さんにも挨拶すらできずに通り過ぎたことでしょう。細い道だからこそ、譲り合いがうまれ、笑顔の道になっているのです。

人が冷たくなったわけではありません。今の時代も心優しい人ばかりです。ただ、人の優しさにふれ合える機会が極端に減ってしまいました。

機械化、簡素化、大型化、スピード化、無人化と、どんどん便利になっていくことで、譲り合わなくても、助け合わなくても、分け合わなくても済むようになり、他人を気にすることもなくなりました。その結果、「気配り」「気遣う」「気にかける」「思いやる」といった、大切なことができなくなってきているように感じます。

人は、いつの時代も「便利」を望んでいます。便利になるということは、もちろん素晴らしいことです。不便な島で生活する僕たちも、便利になったおかげで、ここで豊かに暮らすことができています。

しかし、便利とは、一時的な喜びを与えるだけで、不便を感じやすい世の中を作り出しているということもまた事実です。

手間暇をかけることで味わえる、楽しみや喜びがあります。足りないとき、少ないとき、できないときだからこそ、生まれるものがあります。不便な状況、不便な環境だからこそ残ってきたものがあります。それらのかけがえのないものは、「豊かな人生」をおくるうえで欠かすことのできない、とても大切なものなのです。

保育所への細い道を行きかう車を待っている間、いつも「相田みつを」さんの言葉が浮かびます。

「うばい合えば足らぬ、わけ合えばあまる」

不便な場所には、ありあまるものがたくさんあります。

# 第二章　自然と共に

## 島に戻った理由《わけ》

あっという間に、島に戻って十年が経《た》ちました。ある程度のことは一人でできるようになりましたが、まだまだ覚えないといけないこと、できないこと、わからないこともたくさんあります。

島に戻る決意をしたとき、「なぜ今なの？」とたくさんの方に聞かれました。当時、音楽生活十年目を迎え、年齢も三十歳。新譜も毎年のように発売し、確かにこれからという時期だったのかもしれません。

それでも、あのタイミングで戻らないと「大きな後悔」をすることはわかっていました。

島には、残していきたいものがたくさんあります。祭り、民謡、伝統、芸術、歴史、自然、言葉、知識、生きる術……。これら全ては、一日二日で受け継いでいけるものではなく、数年、数十年かけても足りないことばかりです。島の大切なことを守り継承している人々の高齢化がすすみ、あのときが、「今ならまだ、いろいろなことを教わり、受け継ぐことができる」タイムリミットの限界だと感じていたのです。あと十年遅ければ、「教わりたかったな」と、悔やむ日が必ずくることはわかっていました。父もちょうど還暦を迎え、まだまだどこの山でもホイホイと登っていました。七十、八十歳と年を重ね、体の自由が利かなくなってから「山を教えて」と島に帰ってきても遅いのです。

「卓《すぐる》に、いろんなことを教えたかったな」

父にそんな思いをさせたくないという気持ちもありました。

島に戻るのと、沖縄本島に残るのとでは、どちらも魅力的ですが、どっちの方がより大きな後悔するかと考えたら、答えはすぐにでました。

島に戻ることは、音楽を辞めることではありません。「那覇《なは》に住んでもう少しがっつり音楽を続けたいな」と頭によぎったときは、「絶頂期に島に戻り、船浮《ふなうき》を拠点に活動を続けていくことが一番かっこいい」と自分に言い聞かせていました。

それでも不安はありました。戻ってしまうと、島での厳しい生活に精一杯で、音楽業が疎《おろそ》かになり、ライブやアーティストとしての力《ちから》やクオリティーが下がるのではないか？　遠い島にいるので交通費がネックとなり、祭りやイベント、テレビやラジオに出演する回数も減ってしまい、「そういえば、そういう人いたな」と忘れ去られてしまうのではないかと。

島に戻って十年。「あなたが故郷を大切にしているように、感謝を忘れず、地元に根差す企業でありたい」とCM契約数も四社に増えました。ライブのお客さんも増え、昔から応援してもらっている方々にも、「島に戻ってからの方が、歌が良くなってる」と嬉しい言葉をかけてもらうことが多くなりました。ほんとうに有難いです。ほっとしています。

そもそも、使命感だけで島に戻る決断をしたわけではありません。

小学生のころ、身体測定の記録、好きなこと、将来の夢などのプロフィール、一年間で書いた作文を全部まとめて綴った「文集」を、学年の終わりごとに作成していました。将来の夢は毎年プロ野球選手でしたが、その横に欲張って、二つも三つも書いている年がありました。

「プロ野球選手、歌手、船浮海運《ふなうきかいうん》社長」

船浮海運とは、「船浮」と西表《いりおもて》島の陸路の最終地点「白浜《しらはま》」を結ぶ、定期船を運航している船会社で、父が経営していました。あの頃から将来は船浮に住んで、父のような、島の大人のような、なんでもできる「スーパーマンになりたい」という野望を抱いていたのです。

この島には、月と潮と風と場所、道具と技術、先人たちの知恵、根気と運、全て揃《そろ》ってしか手に入《い》れられないものがたくさんあります。

全てが繋がっていること、どこにも無駄がないことを知っていて、一つひとつをとても大切にして生きている島の人々。とにかくかっこいいのです。

イノシシ猟もその一つ。イノシシの足をくくるためのワイヤー以外は、全て島の山にある材料で罠《わな》を作ります。イノシシの習性、この時期に食べているもの、その山の地形と勘を頼りに、イノシシが通りそうな場所に茶碗くらいの小さな穴を掘り罠を仕掛けます。

イノシシがそこに片足を踏み入れ、さまざまな条件が揃《そろ》ってはじめて、イノシシをくくり捕獲することができるのです。野生の動物を捕獲することは容易なことではなく、くくり、仕留め、山からおろし、捌《さば》けるようになるまで、長い修業は続きます。

子どものころ、初めて口笛が吹けた日、初めて自転車に乗れた日、初めて鉄棒で逆上《さかあ》がりができた日、自分で靴紐《くつひも》を結べるようになった日など、できないことができるようになった特別な日がありました。大人になると、そんなことはめっきりなくなると思っていましたが、この島にはいくつになっても、わくわくドキドキする特別な日があふれているのです。初めてイノシシを獲った日、初めてアカジンを釣った日、知らなかった山の道を覚えた日、サバニの舵取りができるようになった日、豊年祭《ほうねんさい》の歌を覚えた日、定期船の運転ができるようになった日、新しいスノーケルポイントを見つけた日、壊れたエンジンを直せた日など、あげればきりがないほど特別な日がたくさんあるのです。

そんな充実した日々を送っていると、またライブまでのカウントダウンが始まります。時間をみつけて練習に励み、わくわくしながらスーツケースに衣装を詰め込み、ルンルンでライブ会場の街へ出かける。

島に戻ったことで初心に戻り、全てのことに感謝して、心から音楽を楽しめるようになりました。

やりたいこと、やるべきことがたくさんあり、四六時中好きなものに囲まれて、どこに行っても待っててくれる人がいる。

島に戻ったことで僕は、世界一贅沢な日々を手に入れたような気がします。

# 山の道の覚え方

「東洋のガラパゴス」と称される西表島《いりおもて》のジャングルを、幼いころから何時間も父のあとを追いかけ歩いてきました。山を歩く目的は、山越えをしたり滝をめざしたり、イノシシやウナギを獲りに行ったり、竹の子やシークヮーサーを採りに行ったりと様々。

たいへんなのが、父に離されないようについていくこと。父の歩くスピードは尋常でないほど速く、歩いてきた山道《やまみち》を覚えたり、景色を楽しんでいる暇はありません。ただ、何時間歩き続けても、どんなに深い山に入っても、「帰れなくなるかも」と恐怖心を抱いたことは一度もありませんでした。どこの山も、完璧に把握していている父と「一緒にいる」という絶大な安心感があったからです。

しかし困ったことに、イノシシの収穫が多くなると、どんなに山奥でも「これをかついで先に戻っておけよ」と、とんでもないことを言いだす父。

「は？　一人で帰れないよ」と叫んでも、「来た道を戻るだけさ」と言い残し森の中へ消えていく始末。「道がわからなくなったらその場で待っておく」というルールがあったので、一度も遭難したことはありませんでしたが、父がどうやってこの山道を覚えているのか不思議でなりませんでした。

西表島には、どんなに深い山でも必ず道があります。昔の人が使っていた隣の集落へと続く道、島の反対側へ抜ける道、横断道や縦断道、昔の人が木をおろした道、昔の馬車道や牛道など、さまざまな用途で使われてきた山道が、今もしっかりと残っているのです。

僕も、山道を颯爽《さっそう》と歩けるようになりたいと思って早三十年。島に戻り数年の修行を経て、最近になってようやく一人で深い山にも入れるようになりました。

山道は、そこを何度も歩いて覚えるというよりも、その周辺にある植物を覚えると、どこもかしこも同じように見えた山の中の違いがわかるようになってきます。

車の運転や初めての道を通るとき、僕たちはお店や看板、特徴的な建物など、目印をつけて道を覚えていきます。コンビニから右に曲がって二番目の信号を左に曲がってというように。もちろん西表島の山には、そういうわかりやすい人工物はないので、木を覚えて目印にするのです。左に黒木《くろき》が三本並んだ道を通り抜け、板根《ばんこん》が大きなオキナワウラジロガシの木を右に曲がり、大きなリュウキュウマツを二本通り越して左に下《くだ》るといった感じで覚えていくのです。そのうち、歩いている山を形で覚えるようになり、そうなったらどこを歩いても大丈夫。と言いたいところですが、山は恐ろしいもので、慣れたころにもう一度迷うようになっているのです。

　試行錯誤しながら、西表島の険しいジャングルを覚えることができたのも、この言葉との出会いが大きかったように思います。

「何かを学ぶときは、いずれ自分がそのことを誰かに伝える。という前提で学ぶこと」

　確かに、ただ調べたり聞いたりするだけでなく、誰かに教えるという前提で取り組むと、身に付くのが一段と早くなったように思います。

「いずれこの道を誰かに教えるんだ」「いずれこの歌を誰かに伝えるんだ」「いずれこの木の名前を誰かに教えるんだ」……。

　これまでの英語の勉強も、誰かに教える前提で学んでいれば、いま頃ペラペラだったかもしれません。

# 迷ったら登る

うりずんのころになると、船浮《ふなうき》の裏山ではリュウキュウチクの竹の子が採れます。西表島《いりおもて》に数種類ある竹の子の中でも、断トツの一番人気で「売るより食べた方がいい」と島内で消費され、市場にも出回ることもないので、食したことがある方は少ないかもしれません。

それもそのはず、この細めのリュウキュウチクの竹の子は、たいへんな思いをして採ってきた割には、食べられるところが少ないのです。山から俵袋《たわらぶくろ》のいっぱい収穫して担《かつ》いで山からおろし、皮をむかないといけないのですが、皮むきには収穫した時間の倍以上かかります。それから、大半を占める節《ふし》の固い部分と、食べられる柔らかい部分を切り分け、湯がきます。それを炒めると、手間暇かけた割には少量しか食べられないので、「少ない割には値段が高い」と思われるより、「自分たちで美味しく食べた方がいい」となるわけです。

僕も、幼いころから祖母のあとを追い、裏山にリュウキュウチクの竹の子を採りに行っていました。裏山の竹林は、遠くから見るとほんの一部にしか見えませんが、登って竹林に足を踏み入れると、かなりの面積であることがわかります。

地元の人でも、よく迷うリュウキュウチクの竹林。よく行く山で、なぜよく迷うのか不思議に思うかもしれませんが、ふつうの木なら同じ種類でも大きさや枝の別れ方、幹の曲がり具合で何となく区別がつきますが、竹はどれも同じにしか見えません。広大なサトウキビ畑で迷うようなもので、竹の生え方も、かき分けながら歩かないといけないほど密集しています。一度迷ってしまうと、他の木のように登って、いま自分がどこにいるのか景色を見るわけにもいかないので、迷っている時間が長くなると、パニックに陥ってしまうのです。

ちなみにマングローブ林で迷っても同じで、あたりは全部同じように見える同種のヒルギ。どこかに突き当たるまでまっすぐ進めば抜けれると思うかもしれませんが、西表島のマングローブ林の面積は広大で、底なし沼のような泥地《でいち》をヒルギの根っこをかき分け、まっすぐ進むのは困難を極めるのです。

幼い僕は、竹林で絶対に迷わないように、祖母のあとを片時も離れずついていくのですが、それでは竹の子を採ることはできません。大きくなるにつれ、「ばあちゃんが見えるところまで」「音が聞こえるところまで」と離れていき、小学校の高学年にもなると、一人で山に登るようになりました。そして六年生のとき、見事に迷うことになります。

竹林にも一応道があります。道と言っても、人ひとりが竹をかき分けてやっと通れる程の道です。それが、どの方向にかき分けて進んで行っても、知っている道にたどり着けないのです。それでも焦らず、「とにかく竹林を抜けて、山を下《くだ》っていけば集落か海に出るだろう」と、迷った直後は楽観視していました。しかし、どこに行っても崖に阻《はば》まれて下ることができません。裏山は、高さ八十メートルほどの小さな山ですが、午前中から迷って、集落に戻ってくるまで夕方になっていました。

迷っている最中は、今頃みんなで探しまわって、集落じゅうたいへんなことになっているだろうと焦っていましたが、僕がまだ山にいるとは誰も思っていなかったようで、あの日の船浮も静かな様子。山で迷っていたと両親に伝えたら、「もう竹の子採りに行くな」と怒られると思ったので、冷静を装《よそお》い黙って食卓を囲んだのでした。

翌日祖母に、山で迷ってたいへんだったと伝えると、「迷ったときに、下《お》りようとするから余計迷うさ。山で迷ったら登るんだよ」と。

山で、どうしようもないほど迷ったら、とにかく頂上を目指して登りなさいと。その山に登るくらいなら、頂上くらいは知っているだろうし、頂上には必ずそこに続く道がある。その道を下っていけば帰れるし、万が一遭難したときでも頂上にいると見つけやすいとのこと。なるほど。納得。

「迷ったときは登る」

どうやら、山登りと人生は似ているようです。

# ゴッカロー天国

遠足で「網取《あみとり》」に連れて行って欲しいと船浮《ふなうき》小中学校から依頼があり、船を出して行ったときのことです。

網取とは、西表《いりおもて》島内にありながら船浮と同じように陸路がなく、船でしか行けない陸の孤島。しかし、北側に外洋が広がる網取は、北風の大波が押し寄せる冬場は特に行き来が難しく、昭和四十五年廃校、翌年廃村となりました。

昭和二十三年、網取集落の隣にあった「崎山《さきやま》」集落が廃村となり、人々が村を離れて間もなく、崎山の集落跡が森に飲み込まれ、山と化したのを目《ま》の当たりにした網取の住民は、集落跡を残すためにも何かに利用してもらえないか、町と誘致を始めたそうです。そのかいあって、網取小中学校の校舎を利用して、東海《とうかい》大学の海洋研究所が設けられたのです。

現在、網取への立ち入りは東海大学の関係者のみとなっているため、船浮の学校であっても大学に許可を取る必要があり、東海大学に連絡したところ、快く案内まで引き受けてくれました。

遠足当日、網取に上陸したあとは、児童・生徒と一緒に大学側の説明を聞いていました。一通り説明を受け、子どもたちからの質問タイム。

「どんな研究をしているのか?」の問いに、海のことはもちろんですが、地質調査や発掘調査、またヤドカリの研究もしているとのこと。ムラサキオカヤドカリなど、大型のヤドカリが網取に多くいるわけを話してくれました。

網取の沖合には、ウーピと呼ばれる広大なサンゴ礁があります。昔から、沖縄本島の漁師さんにも知れ渡る有名な漁礁で、魚もタコも貝もたくさん獲れます。

網取の人は、ウーピで獲れた海の恵みを頂き、集落内には、昔の網取の人が食べたチョウセンサザエやタツマキサザエなどの貝がらがたくさんありました。どこでも獲れるわけではないその貝を背負ったヤドカリが、網取にはたくさんいることに目を付け、研究を始めたそうです。

確かに、網取には大きなヤドカリがたくさんいることには気付いていましたが、ヤドカリがどの貝の殻を背負っているのか、その地域にどんなヤドカリが多いかなど、普段あまり考えたことがありませんでした。

そう言われると、船浮のヤドカリはアンピタ（オオベソスガイ）を背負ったヤドカリばかりです。アンピタとは、船浮の人が好んで食べる貝で、ふなうき荘の夕食にもたびたび登場します。

昔の人も含め、そこに住んでいる「人が食べた貝の殻」を宿《やど》にしたヤドカリが多くいるということは、ヤドカリは、人の「食生活」と密接な関係にあったのです。

そんなアンピタを背負ったヤドカリを好んで食べているのが、船浮に多いと言われている「アカショウビン」です。地元で「ゴッカロー」と呼ばれている真っ赤なその鳥はカワセミの仲間で、くちばしにヤドカリをくわえて、石や鉄などの固いところに打ちつけ、ヤドカリの殻を割って食べています。

大好物のヤドカリが、しかも割りやすいアンピタの貝を背負ったヤドカリがたくさんいる。人工の雑音が少ないので、自分たちの鳴き声がよく通る。子育てに適した深い森がたくさんある。それでアカショウビンは、船浮に集まっていたのです。

どこにでもいると思っていたヤドカリも、西表島では船浮と網取に、特に多く生息しているようです。ヤドカリは海と山を行き来するため、海岸線に道路がある他のところでは、側溝や塀に行く手を遮られてしまうとのこと。ヤドカリの繁殖場所である砂浜の減少も深く関わっているようです。


全てに理由がある。全て繋がっている。

思わぬ収穫があった、網取への遠足でした。

# なかみ汁

沖縄料理で一番好きなものは「なかみ汁」だと答える人が、僕の周りにはけっこういます。「なかみ汁」とは、豚の中身（内臓）にシイタケやこんにゃくなどを入れた鰹だしベースのすまし汁で、沖縄の郷土料理の定番でもあります。

ちなみに沖縄には、「豚は、鳴き声以外全部食べる」という言葉があり、豚のいろんな部位を余すとこなく使った料理がたくさんあります。

船浮《ふなうき》で、毎年四月に開催している音楽イベント、「船浮音祭り《おとまつ》」で大好評のイノシシ汁にも、イノシシの中身は欠かせません。ただ、その美味しい中身は、処理に一番手間暇がかかり、その手間をおろそかにすると、臭いとなって料理に現れてしまいます。

もつ鍋も、なかみ汁も、ホルモン焼きも、僕たちが美味しく頂けるのは、その中身（内臓）の処理作業を、誰かが丁寧に行っている「おかげ」ということになります。

狩猟期間も後期に入った一月。十一月の初めの頃と比べ、イノシシのいる場所、通る道、獲れる場所もだいぶ変わっていきます。僕が毎年、後半になると捕獲成績がガタ落ちするのは、イノシシの月ごとの食べものや行動を把握できていないからです。

池田家では、父と僕のどちらかがイノシシを捕獲すると、効率よく捌《さば》けるように、いつの間にか作業が分担されています。終盤、僕が骨を切っている間、中身をこしらえるのは決まって父です。やり方を早く習わないといけないと思っていますが、「時間もかかるし臭いし汚いし、こんな面倒なことは自分が」と言わんばかりに、いつの間にか父が取りかかっています。

そこに答えがありました。

こしらえながら、イノシシが今「何を食べているのか」を、胃や腸から教えてもらっているというのです。「食べたものの中にドングリが無くなってきたから、そろそろイノシシは山を移動するはずだ」と、そのときに通りそうな場所に次の罠を仕掛け、次々とイノシシを捕獲してくるのです。

「面倒くさいことをする人には、より多くの収穫があるようにできていますよ」

「人が嫌がることを率先してやらないと、一流にはなれませんよ」

狩猟を通して、この島はまた大切なことを教えてくれます。

ちなみに父の来季の狩猟は、今期の狩猟期間が終わったばかりの春から始まっています。どの山にどの花がどれだけ咲いているのか、この台風でどこからどのくらいの風が吹き、そこに咲いていた花をどのくらい落としたか、狩猟期間を迎えるころ、イノシシが好《この》んで食べる木の実がどこにどのくらい実っているのかを、常日頃から計算しているのです。

あそこの山のドングリは台風でなくなっているから、この山でシイの実を食べ終えたイノシシはあの山に移動するだろう。そしたら、通り抜けられるのはこの谷間しかない。五感を極限まで極めた人にしか働かないという第六感を駆使し、春の花、夏の風から冬のイノシシの居場所を当てる父。

覚えることが多すぎて、深すぎて、ただただ「島に早く帰ってきて良かったな」と思うのであります。

# 雑草

沖縄のどこの島にも生えていて、「サシグサ」「引っ付き虫」「雑草」と呼ばれるセンダングサ。少し草むらに入ると、一センチほどの細長い黒い種が、あっちこっちに大量に引っ付いているあれがセンダングサの種なのですが、服に引っ付いた種を一つひとつ取り除くよりも厄介なのが、刈っても刈っても、むしってもむしっても、次から次へと生えてくるセンダングサの「繁殖力」なのです。

家の裏庭にバナナ畑がありますが、ほっておくとあっという間にセンダングサ畑になります。大きくなるまでセンダングサをそのままにしておくと、草刈り機で刈れないほど茎が太くなり、力技で刈ってやろうと草刈り機を力いっぱい振り回していると、センダングサに覆われて隠れて見えなかったバナナの新芽を切ってしまうこともしばしば。ほんとに厄介な雑草なのです。

島に戻ってきて二～三年経ったころ、船浮《ふなうき》で「ものづくり」をしたいと、こっそり始めてみたのが「養蜂《ようほう》」でした。はちみつなら保存がきくし、一年中花が咲き誇る船浮の大自然からとれたはちみつなら価値も付けられる。「ふなうきのはちみつ」を想像しただけでワクワクが止まらず、早速養蜂セットを注文しました。

無知のまま始めた養蜂。あっちこっち刺されながらミツバチをよく観察していると、ミツバチが好き好んで飛び回っている白い花があります。

あの「センダングサ」の花です。

船浮に連れてこられて環境が変わり、たいへんであろうミツバチたちが、これほどたくさんの蜜を作ってくれるのはまぎれもなく、厄介な「雑草」だと思っていたあの「センダングサ」のおかげなのです。

大量のミツバチに受粉してもらったセンダングサは、さらに繁殖力を増強させるのでしょうか……。

「雑草とは、魅力が発見されていない草」という言葉に出会ったことがあります。

確かに、必要とされてないし、その草の価値を知らないから「雑草」と呼んでいるのであって、もしそれが特別な薬草で貴重な植物だとわかったら、同じ草でもその草の呼び名は変わってくるものです。

実際、このセンダングサ（タチアワユキセンダングサ）は、宮古島ではお茶や健康食品、化粧品の原料として栽培され、「宮古ビデンス・ピローサ」とブランド名まで付いています。昔は、牛や馬の餌としてセンダングサは重宝され、与えた家畜は毛並みが良くなり、乳も良く出るようになったそうです。

草だけでなく、人もそうだと思います。

僕たちは嫌いな人、苦手な人、興味のない人のことをどれくらい知っているでしょうか？その人の過去、抱えているもの、誰にも言えない悩み、備えている知識やスキルを知ることで、その人が使う言葉の捉え方も変わってくるだろうし、嫌いな人でなくなるかもしれません。

邪魔、嫌い、無駄、いらない、雑草だなんだと、モノゴトに勝手に価値を付ける前に、「自分は、まだまだ知らないことばかりだな」と思うようにすること。大事だと思います。

# カラーバス効果

カラーバス効果とは、心理学用語で、「自分が意識していることほど、それに関係する情報が自分のところに飛び込んでくる」という現象を表す用語だそうです。見えてなかったものも、意識をすると、どんどん見えてくるということ。

例えば、サングラスが欲しくなったとします。インターネットでサングラスのことをいろいろ調べていると、かっこいいものや憧れのブランド品など、気に入ったものが続々出てきて、頭の中はサングラスのことでいっぱいになります。そうなると、他人《ひと》がかけているサングラスや、メガネ屋さんの広告、雑誌でモデルさんがかけているものまでサングラスに関連する情報がどんどん目に飛び込んできます。

僕たちが何気に見ている街の風景も、建築に携《たずさ》わっている方には、カラーバス効果で建物の色、形、作りがどんどん目に飛び込んできて、同じ風景を百倍楽しめているに違いありません。

父は、昔のこと、山のこと、海のこと、船のこと、動物のこと、植物のこと、とにかく何でも知っていて、今でもいろんなことに興味を持っています。

土砂降りで風も強い悪天候のなか、ずぶ濡れになりながらも、嬉しそうに帰宅したことがありました。「珍しい鳥を見た」と、野鳥図鑑を開き、これじゃない、あれじゃないとこれまた楽しそうです。このときの父を見て、鳥に興味を持つと、渡り鳥や迷鳥《めいちょう》が多くなる冬の島も楽しめるようになると確信しました。

島に戻り、ツアーガイド（じゃじゃまるツアー）もやるようになって、「聞かれたことは、何でも答えたい」と、負けず嫌いからきていると思われる感情がいい意味で働き、図鑑とにらめっこする日々。魚、貝、サンゴ、海藻（海草）、木、花、鳥、昆虫……。国内でも、他を圧倒する多種多様な生きものが生息する西表《いりおもて》島の、海と山を案内するとなると、かなりの動植物の種類を覚えなくてはなりません。

そうなると、歩いているとき、車に乗っているとき、船に乗っているとき、島にいるときに、目に飛び込んでくる全てのものが、自分の知りたいものや興味をもっているものということになります。こんなに楽しくて、忙しい時間はありません。

同じように見える景色でも、昨日までつぼみだった花が咲いていたり、珍しい蝶々が飛んでいたり、港に棲みついていた魚がいなくなっていたり、全くもって同じ日はないのです。

島にある、いろんなものごとに興味を持つことで、カラーバス効果も働き、目の前の景色は楽しくなっていきます。どうでもよかったものごとに価値が付き、それに出会っただけで、その日一日を得した気分にもなれます。毎日が勉強、毎日が成長、毎日が出会いにあふれた最高に楽しい日々を送ることができ、島のことがもっともっと好きになっていくのです。

# 旧暦の島

僕のところには昔から、旧暦のお正月にも数枚の年賀状が届きます。年末に忙しくて書けなかった方が、新正月に届いた年賀状を見ながら出しているかと思いきや、ずっと旧暦にこだわり、旧正に年賀状を出すスタイルを貫き通しているという方がほとんどです。

旧暦を掲載しないカレンダーや手帳は、沖縄では売れないと言われているほど、旧暦を重んじる沖縄。西表《いりおもて》島も例外ではなく、全ての年中行事が旧暦の日取りで行われています。海の恵み、山の恵みを頂いて生かされている島の人たちが、その恩恵を大いに受けることができているのも、旧暦をもとに自然のリズムを捉えているからなのです。

ちなみに旧暦は、お月さんを元に太陽の周期を取り入れた暦で、太陰太陽暦《たいいんたいようれき》と呼ばれるもの。月が地球を一周するまで、二十九・五日かかり、旧暦では一ヶ月が二十九日か三十日までとなります。太陽暦より毎月一日ずつ短くなり、一年が三百五十四日。そうなると、季節のズレが生じるため、十九年に七回、閏月《ユンヂチ》（一年が十三ヶ月）を設けて調整しているのです。

月と太陽の引力で潮の満ち引きが生じているため、旧暦の日にちさえわかっていれば、大体の潮位や潮の動きがわかります。旧暦の一日《ついたち》と十五《じゅうご》日《にち》前後は大潮、八日、二十三日前後は小潮となります。大潮は朝と夕方が満潮で、お昼は干潮。逆に小潮は、お昼が満潮で朝夕は干潮です。海と共に暮らし、船が唯一の交通手段である船浮《ふなうき》では、潮の満ち引きのしるべとなる旧暦は、必ず把握しておかなければなりません。

船の係留も、大潮時にロープの長さを間違えれば、干潮のときに風向き次第では船の先が桟橋に入り込み、潮が上がると愛船を沈没させてしまうことになります。正確な潮位を把握しないまま、マングローブの川へ入ってしまうと、引き潮時に船が走るほどの水位がなくなり、六時間後の満潮まで川から出れなくなってしまいます。リーフや砂浜でも潮位を間違えれば、船は干上がり次の満潮を待たなければなりません。

今の時間に船が通れる場所、係留の仕方、船で行った先に滞在できる時間、魚がいる場所、釣れる場所も、全てはそのときの「潮」次第で変わってくるのです。

重たい荷物や大量の荷物を運んでくるのも、潮が重要です。大潮の干潮時にあたるお昼に持ってくると、船から桟橋までかなりの高低差があり、荷物を船から降ろすにも、荷物をお家の屋根まで上げるようなもの。それが夕方の満潮時になると、船と桟橋もフラットになり、積み下ろしも楽になります。

西表島の自然を楽しもうと思っても、旧暦は大事になってきます。

最近人気の、川面《かわも》に浮くサガリバナを見に行くにも、大潮を選ばないと見に行くことができません。早朝、マングローブを抜け、船で川の上流まで行くサガリバナツアーは、満潮が絶対条件です。早朝が満潮となると、大潮に当たる新月か満月の前後ということになります。仮に、カヌーやサップで小潮の早朝に川に入れたとしても、水位が低いため、サガリバナの花（雄しべ）は、川面ではなくマングローブの泥の上に落ちます。泥の上に落ちた花は、満潮になるまでには萎《しお》れてしまうので、残念ながら写真で見るような川面にたくさんの花が浮いている光景を見ることはできません。

ウミショウブの受粉を見るには夏の大潮、イザリ（夜の潮干狩り・漁）をするなら冬の大潮、満月前後でなければカニや珊瑚の産卵も見ることはできません。

逆に、潮位の差が少なく、潮の流れが少ない、小潮の方が適していることもたくさんあります。

週末や連休の方が、旅行のスケジュールを立てやすいかもしれませんが、旧暦で島を訪ねてみた方が、より一層楽しめるかもしれません。

新月、満月、島は大きく動いています。

# スーパームーン

夜釣りも盛んな船浮《ふなうき》。湾の中では十月頃から、カマスが釣れるようになります。時期になると、いつでも行けると思っていたカマス釣りも、十五夜後の数日間ということを島に戻ってきて知りました。

カマス釣りは、餌となるミジュンを釣ることから始めます。停泊した船からライトを照らすと、その明かりにミジュンが集まってくるのですが、月が昇り始めるとどこかへ行ってしまうのです。月の明かりが強く、ライトの明かりが目立たなくなってしまうからです。日が暮れ暗くなり、餌となるミジュンを釣った後に、月が昇る。すなわち、月が遅く昇る十五夜の後でないといけないというわけです。

船浮に宿泊された民宿のお客さんからも、満天の星空より「月の明るさにびっくりした」という声を多く頂きます。闇夜のときは真っ暗で、山影や大きな木の大体のシルエットしか見えませんが、月夜は懐中電灯がいらないほど明るく、島影も波も流木もしっかり見えるので、夜間の航行でも安心です。

数年前の夏、通常の満月よりも一回り大きく力の強い、19年に一度しかない「スーパームーン」と呼ばれる、特別なお月さまの日がありました。月が地球に最も接近している日のようです。この「19」と言う数字。お月さんと何か関係があるのでしょうか。旧暦の閏月《うるうづき》を設けるのは、19年に7回。そして、生まれた日とまったく同じ月を見るなら、19歳のときで、その次は19年後の37歳と、19年に一度という話を聞いたことがあります。今日と全く同じうりふたつのお月さんを、19年後にしか見られないということは、それだけ月の種類があるということです。同じように見える十五夜の満月だけでも、微妙に違っていて235種類もあるというから驚きです（12ケ月×19年＋7閏月）。

そのスーパームーンの日、天気にも恵まれた船浮湾の東の山には、確かにいつもよりも大きな、神々しいお月さまが浮かんでいました。

月の力がいつもより強い十五夜の大潮ということは、通常より干満の差も大きくなります。実際、その日の朝の満潮時には、砂浜が見えなくなるほど潮位が上がっていました。そして、その日の午後。砂浜の奥まで流れ込んだ海水によって、マングローブや砂浜の奥に流れ着いていた漂着ゴミが、もう一度洗いだされ、青く澄みきった島の海には、驚くほど大量の漂流ゴミが浮かんでいたのです。

遠くから見ると、白い砂浜がどこまでも続く西表島の海。ところが実際は、かなりの漂着ゴミが散乱しています。

他国からのゴミが9割以上を占めているとのことですが、島の人たちが拾《ひろ》わない限り、流れ着いたそのゴミが減ることはありません。拾わないからもう一度海へ流れ出ていき、同じゴミが二度も三度も海の生態系に悪影響を及ぼしているのです。

僕が代表を務めるスノーケルツアー（じゃじゃまるツアー）では、スノーケリングの合間に5分程度の漂着ゴミ拾いをしています。19年も続ければ、島の砂浜も世界の海もきれいになっているに違いありません。

19年後のスーパームーン。漂流ゴミの心配をせずに、島の月を眺めてみたいものです。

# ウミガメの故郷《ふるさと》

子どものころ、「鮭《さけ》は生まれた川へ戻ってきて産卵をする」という話を聞いて、衝撃を受けました。「海や川にも匂いがあるのだろうか?」「何を目印に帰ってくるのだろうか?」そして、「人間はどうやって、その川から旅立っていく一匹の鮭の一生を、追い続けることができるのだろうか?」その話の何もかもが、不思議でたまりませんでした。

同じころ、父にウミガメの産卵を見に連れて行ってもらいました。「今日は絶対ウミガメ上《あ》がるから行こう、はいっ」父には確信があるようです。その通り、待ちかまえていた砂浜で、ウミガメの産卵を見ることができました。

父に聞くと、ウミガメは三回に分けて砂浜に卵を産み、その周期が決まっているそうです。前回、そのウミガメが砂浜に上がり産卵するのを見ているので、周期を計算して、その日に上がることがわかっていたそうです。これもまた不思議だなと思っていると、ウミガメも鮭と同じように、生まれた砂浜に帰ってきて産卵をすることを知りました。

漁師さんの話によると、人間が気付いていないだけで、魚もタコも、なんと海の生きもののほとんどが、生まれた海に帰ってきて産卵するというのです。確かに、見えるものしかわかりませんが、ザトウクジラはちゃんと慶良間《けらま》諸島の海に帰ってきています。グチ（ホシミゾイサキ）と呼ばれている魚も、卵を抱え、船浮《ふなうき》の川に戻ってきています。

そう考えると、アカショウビンなどの渡り鳥もそうですが、島の生きものはみんな、故郷を忘れずに大切にしているのだなと、嬉しくなりました。

数年前、沖縄本島北部のある漁港に、「クロウミガメが住みついている」という新聞記事が掲載されていました。美ら海水族館にもいない（その当時）珍しいウミガメとのこと。「クロウミガメに会える漁港」と、観光の目玉にしたいという記事でした。

話は戻り、ウミガメは生まれた砂浜に帰ってきて産卵をします。その漁港ができる前、そこには砂浜があり、その砂浜で生まれたウミガメが、産卵をしに帰って来たとは考えられないだろうか？　世界じゅうを旅して、恋をして、子どもを授かって、故郷の海へ帰ってきたウミガメが、生まれた砂浜を探しているのに、コンクリートに阻《はば》まれて、漁港の中でさまよっているだけではないだろうか？

もちろん、漁港に反対なわけではありません。島国日本、島国沖縄では、漁港は島の宝であり島の命です。その村の存続をかけて、その島の繁栄をかけて、先人たちの多大な努力があり、それぞれの漁港が長年の夢で、望まれて作られた港です。船浮の港もそうです。そんな、みんなの大切な港でさえ、生きものにとっては脅威となっているのです。

人間は明らかに、地球上で一番「鈍感《どんかん》」な生きものです。その鈍感な生きものの判断で、地球の環境はどんどん変わっていっています。

なんでも、知ることが大切です。

子どものころ、「子どもは勉強するのが仕事」と言われるたびに、「宿題も学校もない遊び放題の大人が、人の気も知らないで頭にくるな」と心の中で思っていました。でも、大人になって思うのです。「勉強」というより「知ること」が大切なのだと。

歴史、文化、環境、立場、悩み、島の事、他人の事、いろんなことを知ることで、見え方、考え方、聞こえ方、捉え方、使う言葉が変わっていきます。知れば知るほど、決して人を傷つけない、優しい人になれるのです。そんな人は、みんなから愛されます。

どんなものごとでも、何かの犠牲の上になりたっていることを知り、もっともっと幸せを感じ、感謝して生きていかなければなりません。

# 何事も準備次第

ライブの本番前に、自然体でリラックスしているせいか、「緊張しないんですか?」とよく聞かれます。それが不思議と、あんまり緊張しないのです。

一番は、育った環境のおかげだと思います。船浮《ふなうき》小中学校時代は、学年がずっと一人だったので、学年代表、童話大会の代表、陸上大会の代表、高学年になると児童会長、子供会会長、生徒会長と、子どものころから挨拶や表舞台に立つ機会が多くあり、舞台慣れしていったのかもしれません。

緊張するときもありますが、僕の場合、準備不足が原因だとわかっているので、「最高のパフォーマンスをするには、最高の準備が必要」だと心がけ、しっかり準備や練習を怠らないようにしています。もちろん、人によって緊張の度合いに個人差があるので、緊張しているから準備ができていないということではありませんが、どちらにしても、事前の準備や練習をしっかりすることはとても重要なことです。

島の生活でもそうです。山に行くにも、海に行くにも準備を怠《おこた》ると、収穫の数字にはっきりと表れます。また、準備を怠り急いで出かけると、かなりの確率で忘れものをしてしまいます。時間をかけて来たのに、道具を忘れたのでは何もできません。

島の生活を楽しもうと思えば、道具の手入れをきちんとしたり、持っていく道具を事前に確認したり、ゆとりをもって準備をしておくことは必至です。

一番痛感するのが、島の祭りです。一年に一度だけ、その祭りでしか歌わない歌が、島にはたくさんあります。一年に一度だから練習を怠ってしまうのですが、だからこそ頑張らないといけないことでもあります。その練習量が少ない年は、祭りが早く終わらないかなと思ってしまうものです。しっかり練習してしっかり準備ができている年は、祭りがくるのが楽しみで、歌っている最中も、神さまが近くで一緒に歌ってくれているような、不思議な感覚を味わうことができるのです。

大切なのは、そこだと思います。

準備を怠れば、そのときが「早く終わらないかな」と思ってしまう。

しっかり準備をしていれば、そのときを「待ちわびる」ようになり、「楽しむ」ことができ、「結果を残す」こともできる。

充実した豊かな人生を送るには、準備（練習）は絶対に欠かせないようです。

# 不規則な手拍子

子どものころは気にしたこともありませんでしたが、歌を歌うようになって、島のお年寄りの手拍子がおもしろいことに気が付きました。

手を上に持ちあげて下《お》ろすときに叩いたり、手のひらをこねりながら叩いたり、人それぞれとはこのことかと思うくらい、早さもタイミングもリズムもバラバラなのです。これだけ人それぞれだと、もちろん歌と合っていない手拍子もありますが、当の本人は気持ちよさそうです。

そして、終わりの三線の音に合わせて叩く最後の手拍子だけは、全員ピタリと合うのもまたおもしろいところです。

その手拍子の謎を、追求しようと思ったこともなかったのですが、「パナリノシチユンタ」という歌に出会い、あることに気が付きました。

十数年前、宮良長包《みやらちょうほう》さんの生涯を描いたドキュメンタリー映画（二〇〇六年上映）の主演を務めさせて頂きました。宮良長包さんは、沖縄音楽の父と呼ばれる作曲家で、「安里屋《あさどや》ユンタ」

（編曲）や「えんどうの花」など、今も歌い継がれる作品も数多く残されています。昔の民謡を研究し、そこから作曲のヒントを得ていたそうです。そのドキュメンタリー映画の中で、宮良長包さんが古謡《こよう》を勉強するシーンがあり、そのときに「パナリノシチユンタ」という不思議な歌に出会ったのです。

「パナリノシチユンタ」は、八重山諸島にある、新城《あらぐすく》島の古謡です。八重山民謡の工工四にも掲載されてないこの歌は、不思議なことに何度聞いても、同じところでテンポが少し遅くなるのです。一番も、二番も同じところでリズムが乱れ、メトロノームと合わせて歌っても、やっぱり同じところで狂ってしまいます。どうしても違和感のあるこの歌を、なかなか覚えきれずにいた僕に、歌ってみせた新城出身の島のおばぁ。なんとも心地よさそうに歌い、そしてあの場所でゆっくり頭を下げながら、ほんの少しの間《ま》を作り、あとの歌詞を紡いでいったのです。

その場所とは「たぼらりよ」という歌詞のあとの部分で、標準語で「与えて下さい」のあとになります。

「どうか与えて下さい」「お願い致します」と頭を下げながら伝え、そのあとに間ができるのは、会話の中で考えれば当然のことです。逆に一定のリズムで話していると、ロボットのような棒読み状態になり、心がこもっていないのか、言わされているのかと思われてしまいます。

昔の島の民謡は、歌の中でもそれは同じことで、気持ちを込めるところが少し伸びるのは当然だったのです。その譜面では決して表すことのできない少しの間を、誰から習ったわけでもなく、おばぁも体と心でしっかり覚え、歌の中で受け継いできたのです。

もともと沖縄の歌は、全てそうであったように思います。言葉の意味に合わせて伸ばしたり縮めたり、ゆらりゆらり。

楽譜や工工四《くんくんしー》にすることによって、その微妙な伸び縮みが失われていったのかもしれません。もちろん工工四の功績は大きく、工工四がなければ、間違いなく今よりも多くの歌が失われていたことでしょう。歌そのものを工工四が残し、歌に込められた思いや先人たちが受け継いできた心を、島のお年寄りのみなさんが、しっかり残して下さっているのです。

そもそも、この島の大自然のどこに一定のリズムが存在するのでしょうか。

波の打ち寄せる音、小鳥のさえずり、風になびく稲の音、脈。どこを探しても自然界に一定のリズムは存在しません。大自然の中で生まれ、歌い継がれてきた歌が、一定のリズムなわけがないのです。じいちゃん、ばあちゃんは、それぞれの生まれ育った島のリズムと、歌の内容に合わせて、大きく歌を感じていて、それぞれの感じ方で聞いたり歌ったりしているので、手拍子に変化が表れているのかもしれないと思うようになりました。

それからというもの、民謡を歌うたび、心地よさそうに揺らいでいるお年寄りの、なまりのある手拍子を聞くのが、楽しみの一つになりました。

常識を疑うこと、自分の思い込みに気付くこと、お年寄りを信じること、自然と向き合うことで見えてくるものは、とても大切なことのようです。

# 台風

台風銀座と呼ばれる八重山《やえやま》諸島。「台風あっての島」だとわかってはいるのですが、頻繁に来る台風で、毎年多くの予定がキャンセル、中止となり、そのたびに悔しい思いをしています。

一番悔しかった台風は忘れもしない、中学最後の陸上大会を中止にした台風です。中学二年生の秋の八重山地区陸上大会で、その当時の西表《いりおもて》陸上走り高跳びの記録をすでに更新していた僕。中学三年の七月に行われる予定だった、年に一度の西表地区陸上大会で、大会記録をどれだけ伸ばせるかを目標にしていました。小学一年生から、いつかは何かの種目で新記録を出したいと願っていた僕にとって、この大会の走り高跳びが最後のチャンスでしたが、台風で中止となり、幻と消えてしまいました。

こうして南の島の子どもたちは、台風や台風がもたらす悪天候の影響で、幾度となく楽しみを奪われてきたことだと思います。

また台風は、農作物やその施設に、大きな被害をもたらします。観光業でも、毎年多くのお客さまがキャンセルになったり、予定を早めて帰られたり、かなりの痛手となっています。

二〇一六年、そんな悪者でしかなかった台風のイメージが、覆される出来事がおきました。沖縄全土を襲った、大規模なサンゴの白化現象です。その年は珍しいことに、八重山諸島に台風が来るどころか、近づくこともありませんでした。台風は大波と共に、深海の冷たい海水を運んできて、温まりすぎた海水温を下げる役割をしています。台風が来なかったことで、海水温が上昇し続け、それが原因でサンゴの白化、死滅を招いたとの見方が強まったのです。

その後、台風の役割がマスコミにも取り上げられ、台風の必要性が広く知られるようになりました。しかし台風の役割はそれだけではありません。

一月、二月に雨季を迎える八重山地方。沖縄が梅雨入りした時期でも、四百キロ離れた八重山地方では意外に晴れの日が多く、水をたくさん使う夏は、スコールがサーと通り過ぎるくらいで、晴天続き。最も重要な「水」は、台風の雨に頼るしかありません。干ばつが続くと、「農作物が枯れてしまうよりは」「断水が続くよりは」と、農家の方も観光業の方も、台風を待ちわびるようになるのです。

川も台風が来ないと涸れてしまい、小さな滝は完全に無くなってしまいます。マングローブの水路も、台風が来ないと土砂が積もってだんだん浅くなり、次第には船が通れなくなります。枯れ木や枯れ枝で日光を遮られた森も、台風のおかげで新しい森の循環が生まれます。繁殖しすぎた昆虫などの生物や植物も、台風が調整してくれているように思います。

こうして台風は、強い風で山の中を、大きな波で海の中を、大量の雨で島の環境を整えてくれているのです。

また、夏の繁忙期に訪れる台風が、休み無しに働く家族経営の民宿や、海関係の仕事に携《たずさ》わっている方に、強制的に休みを与えてくれています。全てのことを、自分でやらないと気が済まない「ふなうき荘」を経営するうちの母も、台風のときしか休まないので、「お母さんが倒れる前に台風が来てくれた」と、久々の台風襲来に、家族もほっと胸をなでおろすのです。

台風が多いときは多いときの悩みがありますが、少ないときの悩みより深刻ではないことを考えると、やっぱりなくてはならないものなのかもしれません。

命を守るうえで、または安心して暮らすうえで大切なことかもしれませんが、僕たち人間は、危険なもの、生命を脅《おびや》かすものは、強制的に排除しようと嫌います。アリ、ハチ、ハブ、サメ、台風……。

しかし危険なものも、雑草のように役割が知られていないだけで、人間にとって大切なものを支えている「大切なもの」かもしれません。

島の大きな生態系の中で、島にもともとあって、欠けていいものは何一つ無いのです。

# 第三章　船浮の生活

# マイボート

船浮《ふなうき》での生活に欠かせないのが「自家用船《じかようせん》」です。車社会の沖縄では、「一家に一台」と言われますが、船浮では「一家に一艘《そう》」マイボートを所有しています。マイボートと聞くと、プレジャーボートをイメージする方もいらっしゃるかもしれませんが、五～六名乗りの和船にエンジンを乗せた船外機がほとんどです。船浮湾は、山に囲まれた湖のような静かな海なので、とりあえず陸路の最終地点「白浜《しらはま》」までの十分間走れば十分なのです。

通勤、買いもの、集まりのたびにマイボートで通う船浮の人々。「買いものも船で行くの？」と驚かれますが、車や電車の代わりに、船に乗っているだけの話です。

小学校の教員を務めていた母も、愛船「じゃじゃまる」で、船と車を乗り次いで西表《いりおもて》島の学校を飛び回り、四十年間「トシ子先生」をやり遂げました。

マイボートがあれば、自分の好きな時間にどこへでも行けるので、不便な離島に住んでいる感覚はまるでありません。他のところで用事がある場合、待ち時間が無いように逆算して船浮を出発したり、釣りや潮干狩りに行ったり、鳩間島《はとま》や波照間島《はてるま》など離島間の移動も楽になります。たくさん買いものがあるときや、船のエンジンなど重たいものを修理に出す場合は、石垣《いしがき》島まで直接船で行くこともあります。

車と違って、少したいへんなのが、管理やメンテナンスです。テレビで、台風が迫る中、船を陸揚げしてロープで固定している映像を見たことがあるかと思いますが、船浮にある船は、人口四十名に対して二十九艘。とても船揚場に収まる数ではありません。

台風が来るかもしれないとなると、満潮時に合わせ船を何艘も牽引《けんいん》して、マングローブ林の中へ避難させます。池田家は八艘あるので、父と僕と四艘ずつ牽引してマングローブへ持っていきます。ヒルギ林の真ん中の水路に船を浮かべ、前方の右と左、後方の右と左をどこにもぶつからないようにロープで固定すれば、どんな台風が来てもマングローブ林に守られて安全なのです。七艘を固定し終えると、帰りは一番小さな船に二人で乗って船浮に戻り、その船を陸揚げしてロープで固定すれば、船の台風対策は終わりです。それらの船は、台風が去るとまた港へ大移動。台風シーズンは、それを何度も繰り返します。

なぜ八艘も必要かとよく聞かれますが、定期船を筆頭に、釣りに行く船、スノーケルに適した船、グラスボートなど、定員や用途に応じて使い分けたり、家族全員、一艘ずつマイボートがないと、用事が重なったときに船を使えない人が出てくるからです。

大潮のときの台風が、満潮と高潮《たかしお》が重なり被害が大きくなると言われていますが、船の避難に関しては、朝と夕方、満潮になる大潮の方が楽です。台風の進路予報を見て、朝・夕のどちらかに避難すればいいのですが、潮位の変化が少ない小潮の場合は、お昼と夜中に満潮を迎えるため、お昼の一回しか船を避難させるチャンスがありません。また小潮のときは、満潮時でも潮位があまり高くならないので、最満潮時にピンポイントでマングローブに入れるしかないのです。その時間を逃してしまえば二十四時間後となり、その間に風が強くなったり、波が高くなりすぎるともう手遅れ。高波と強風で船が桟橋と激しくぶつかり合い、いとも簡単に沈んでしまうのです。

ペンキを塗り直したりする、船底作業も大切です。夏場は最低でも一ヶ月に一回は、船底に付着《ふちゃく》した海藻や貝を落とさなければいけません。放っておくと、船底が海藻の養殖場のようになり、船のスピードが上がらず燃費も断然悪くなります。もともと燃料は、車と比べものにならないほど多く使うので、年間のガソリン代を考えると船底作業は大きな節約にもなるのです。

また船は、ガソリンを入れれば走るというものではなく、エンジンオイル、ハンドルオイル、油圧オイル、ギアオイルなど、様々なオイル交換と消耗部品を定期的に取り替える必要があり、頻繁なメンテナンスが必要です。それらをサボると、多額の修理費用がかかったり買い替えないといけなくなったり、大きな痛手になるので手抜きをする人はいません。

当然、車検のように船検《せんけん》もあるし、船舶免許も車の免許同様、一定期間で更新しなければなりません。

マイボートはいろいろ手間暇がかかる。手間暇がかかることが基準となっているので、簡単には面倒くさいと思わない「心」が養われていく。船が必需品の生活が、良い循環の源となっているのかもしれません。

砂浜に干上がってしまった船と、潮が満《み》ちてくるのを長々と待ったり、海のど真ん中でガソリンが切れて大海原をプカプカ浮いたり、失敗もロスも多い船浮。

でももしかしたら、僕たちが世界で一番「自由」な人々なのかもしれません。

# 早起き

つい最近まで、とてももったいない「思い込み」をしていました。それは、「夜中は仕事がはかどり、朝はボーっとしていて仕事にならない」と思っていたことです。

それがどうやら、全くの逆だということがいろんな本に書いてあり、信憑性《しんぴょうせい》も高いのです。集中力や発想力が増すと思い込んでいた夜の脳は、一日の情報が錯綜《さくそう》していて整理ができていない状態にあり、一日中フル回転で疲れているので、集中力も低下しているとのこと。それに比べ朝は、脳がまっさらな状態で、夜の四倍もの効率で仕事がはかどるというのです。また午前中は理性で、午後は感情でものごとを判断してしまいがちなので、午前中に集中して仕事を行い、午後の退社時間にはサッと帰り、夜は家庭との時間をゆっくり過ごすというのが、世界のエリートたちの常識なのだそうです。

その方たちに言わせれば、日本人はその脳のゴールデンタイムである貴重な朝を、通勤、通学に費やし、夜の疲れた脳で残業しているのでもったいないのだと。

僕自身、これまでの人生でどれだけの朝を、思い込みでボーっと過ごしてきたのかと、反省しています。

長年、沖縄本島で、昼と夜が逆転したミュージシャン生活を送っていた僕。これまでの作詞・作曲や執筆は、決まって深夜に行っていました。

確かに、とてもいい歌詞が書けたと喜んで就寝して、翌朝読み返してみると、おかしな文章だったことがよくありました。夜の疲れた脳で作業をしていたから、こういうことがおきたのでしょうか。ただ、翌朝読み返して、校正したり手直ししたりしていたので、「完成」は朝のまっさらな脳で行《おこな》っていたことが、せめてもの救いです。

思い返しても残念なのが、締め切りギリギリの夜中に完成させ、そのままメールで提出していた原稿やブログなどです。おかしな文章がたくさんあったに違いありません。これからは、夜中に書いたとしても、翌朝読み返しての「投稿」を習慣にしたいと思っています。

さて、「最後の楽園」と言われるほど、素朴でのどかな船浮《ふなうき》。沖縄は夜明けも遅いし、のんびり起きてくるイメージかもしれませんが、船浮の人はとにかく朝が早いのです。

鶏《にわとり》よりも先に起き、夜が明ける前に家を飛び出し、海を見て今日の天気を確かめ、船の点検や燃料の補充、家の周りの掃《は》き掃除に庭の手入れ、民宿のお客さんの朝ごはん、犬の散歩や仕事の準備など、自分のことはほとんど朝食の前に済ませています。だから、急な頼まれごとや誰かのために時間を使うことも、笑顔で対応できるのかもしれません。

午前中は仕事に精をだし、上手に昼寝を取り入れて、またまっさらな脳で午後の仕事に励み、夕方は犬の散歩や集落の掃除をしている人が目につきます。

その分、夜は早く寝るかというとそうでもなく、夜は夜で何らかの集まりがあります。少ない人数で、要領よく手際よく、限られた時間で壮大なことをやり遂げようと思えば、必然的に入念な話し合いと準備が必要となります。民宿業に携わっている人も多く、お客さんが就寝してからの仕事もあるので、食堂奥の電気は夜遅くまで灯《とも》っています。また、潮が合えば夜釣りやイザリに行くこともあります。

幼いころはうちの両親をみて、「大人は寝ない生きもの」だと本気で思っていました。

協力し合う島だから、手間暇がかかる島だから、大自然の恵みを頂ける島だから、やることが少しだけ多くなります。それを補うために、早起きになるのかもしれませんが、それがまた良い習慣を生み出しているのです。

世界のエリートたちが意識して実践している、早起きと朝の仕事を「無意識」に実践している船浮の人々。本物のエリートかもしれません。

# ノンうちなータイム

沖縄方言と英語が混じってできた言葉「うちなータイム」。秋田《あきた》時間、博多《はかた》時間、薩摩《さつま》時間など、時間にルーズな県民性を表す言葉は、日本各地にあるようですが、沖縄時間《うちなータイム》ほど全国に知れ渡ってしまったところはないかと思います。

仕事や学校に毎回遅刻というほどではありませんが、披露宴、模合《もあい》、プライベートの会食、飲み会などの席では、約束の時間に全員が揃うことはまずありません。

沖縄のさらに離島ともなると、もっとゆっくり時間が流れていると思われがちですが、実はそうでもなく、時間にしっかりした人が多いのです。

離島のみなさんが時間を守るわけは、島を行き来する船の便数が少ないことが影響しているのかもしれません。船浮《ふなうき》の場合、朝の定期船を逃したら、石垣《いしがき》行きのフェリーにも遅れてしまいます。そうなると、飛行機の時間にも間に合わず、全てのスケジュールが台無しになってしまうのですマイボートもありますが、他の地域の港に長時間、船を係留することはできません。船の便に遅れる＝時間に遅れるとたいへんなことになるので、時間をしっかり守るようになったのではないかと、勝手に思っています。大きなフェリーが唯一の交通手段である沖縄本島周辺離島では、一日一〜二便しかなかったりするため、時間を守るどころか、出発の一時間前には港に待機している方もいらっしゃるくらいです。

自分のこと以外でも、何かとやることが多い島の人は意外と忙しく、その忙しさをカバーするためか、歩くスピードが異常に速い人が多くいます。忙しいと、待つことも待たせることもできなくなってくるので、自然と時間を守るようになります。

船浮の定期船は、電波時計をもとに正確な時間に出発するし、船浮公民館で開かれる各種集まりも、「定刻になりました」から始まります。

また、海と密接な関係にある島では、潮の満ち引きで、できることが変わってきます。潮が満ちているあいだ、または引いているあいだが勝負、ということが多いので、約束の時間に遅れると、できることもできなくなってしまうのです。

意外と、うちなータイムではない島の人たち。時間を守るその姿勢は、将来島を離れていく子どもたちにも、しっかり届いていると思います。

# 島の子どもたち

夏休み、いつもは静かな船浮《ふなうき》も、子どもたちのはしゃぎ声で少し賑やかになります。船浮の民宿に、親子連れのお客さんが多くなるからです。地元の子とかどこに泊まってるとか関係なしにすぐに仲良くなり、みんなで楽しく遊んでいる子どもたちを見ていると、ほのぼのすると同時に、いつもこれだけ賑やかだったらなと。無いものねだりだとわかっていますが、遊び相手が少ない島の子どもたちのことを考えると、どうしてもそう思ってしまうのです。

実家が民宿（ふなうき荘）なので、「お客さんに子どもがいないかなぁ？」と、夕食時《ゆうしょくどき》を狙って民宿に遊びに行くのが、夏休みのうちの子の楽しみでもあります。

「子どもたちに大自然を体験させたい」と、船浮を選んでくれたお客さんは、一日ツアーにも多く参加して下さいます。申し込みのときに、「うちの子はインドア派なので」と話されていた親御さんも驚くほど、生きものにも植物にも興味を抱《いだ》き、海や山ではしゃぎまわる子どもたち。ヤドカリ、蛍、カメなどのかわいい生きものから始まり、じわりじわりと子どもたちの興味をそそる、島の大自然はさすがです。

日焼けと小さな擦《す》り傷をお土産に、少し逞《たくま》しくなって「また来ます」と帰っていく子どもたちを見ていると、「子どもは自然の中で育つのが一番」だと再確認。よその子の成長を間近で感じられることも、島の民宿業の醍醐味《だいごみ》かもしれません。

島の大自然で、幼いころから育っていく島の子どもたちは、また強烈です。

先日、海が大好きな小学六年生の晴海《はるみ》に、「泳いでいたら、1メートルくらいの大きなマグロがいたよ」と伝えると、翌日、「卓《すぐる》にぃにぃ115センチあったよ」と、その大きなマグロを泳いでモリで突いてきたのです。「大人顔負け」とはこのことかと、さすがに驚きました。

僕たちの期待を遥かに超えるスーパー小学生の晴海は、魚を釣ったかと思えば、それを一匹掛けの餌にして、さらに大きな魚を釣り上げてきます。栈橋から泳いでいる魚が見えたら、その魚が大きければ大きいほど、鋭い眼差しで狙っています。普段はまだまだ愛くるしい子どもですが、獲物を目の前にした晴海は、一人前のハンターです。

晴海には及びませんが、僕が小学生のころもそうでした。朝ごはんの前に、イカやガサミを獲ってきて登校。放課後は投げ網でミジュンを獲ったり、川にウナギやエビを獲りにいったりと「収穫」までの過程が、僕の「遊び」でした。

毎日のように、楽しく海や山を駆け巡り、知らない間に体幹や身体能力が鍛えられていく島の子どもたち。平均して足が速くバネがあり、力も強くスポーツは万能です。また、小さな怪我を重ねるごとに学習して、これは危ない、これ以上は止めておこうと、子どものうちから自分で判断できる「危険予知能力」を身に付けています。僕が、高いところや速いスピードが苦手なわけは、臆病とかではなく、命を守る危険予知能力がしっかり備わった証拠だと、かっこいいように考えることにしています。

どんなに大自然の中でも、やっぱり子どものころは、友達とわいわいがやがや楽しみたいもの。同じ集落に、同級生がいない、対等に競い合える友達がいない、同性の同じ年ごろの友達がいないということは、ほんとうに寂しいものです。僕も子どもころ、ずっと学年が一人だったので、「同級生が転校してくる夢を何度も見て、朝になり「夢か」と落胆して登校していました。

その分、隣の学校の友達と遊べるときや、民宿に同世代の子どもたちが泊まりに来たときは、楽しくてしょうがありませんでした。

島の子どもたちは、友達と遊べることが、その友達の存在が、とても貴重でかけがえのないことだとよくわかっています。

「友達を大切にできること」「友達と一緒にいる時間を大切にできること」

この島で、寂しい思いをして学んだことかもしれませんが、「この子たちをずっと支えてくれる大切なこと」だと、信じています。

# 小さな島の大運動会

運動会は、お子さんが卒業すると身近ではなくなる行事かもしれませんが、船浮《ふなうき》では、誰にでも毎年訪れる、秋の一大イベントです。

近年、都会では防犯の面からも、親御さん以外は運動会を観に行くことができないと聞きますが、そんなことをしたら島の運動会は成り立ちません。

今年の船浮小学校の在籍は、二年生と六年生が一人ずつの合計二人。二人でどうやって運動会をするの？　と、なかなか想像もつかないかと思いますが、船浮住民とご来場下さったみなさんが参加して作りあげる、みんなの運動会なのです。

西表島《いりおもてじま》には大小いくつかの小・中学校があります。まず、学校の年間行事の予定を立てる際、地域の行事や、近隣の学校と運動会が重ならないように日取りを調整して、運動会の日程を決めます。十月の第一日曜日は白浜《しらはま》小学校、第二日曜日は西表小中学校、第三日曜日は上原《うえはら》小学校、第四日曜日は船浮小学校というように。運動会が台風で延期になれば、予定が空いている土曜日か、近隣校の運動会と重ならないように、一カ月先の空いている日曜日となるのです。だからこの時期の日曜日は、必ずどこかの学校の運動会。こっちの運動会に来てもらったから、あっちの運動会にも応援に行こうと、どこの学校の運動会にもみんなで駆けつけて、みんなで盛り上げるのです。

九月、十月は、観光業に携《たずさ》わっている方にとってはハイシーズンとなりますが、地元の小学校の運動会の日は、当然仕事もお休みです。

船浮小中学校の運動会の来場者は、平均して百五十名ほど。多いときでは二百名を超えます。集落にあるだけのテントを運動場に張り巡らせ、来場者の昼食となるイノシシ汁を前日からこしらえ、船浮住民総出で、おもてなし。

プログラムも、クラス対抗リレーや紅白リレーではなく、隣校リレーや職域リレー、障害物レースや年代別走り競争、フォークダンスに綱引き、卒業生や地域のみなさんで踊る校歌ダンスなど、誰でも参加できるプログラムが多数を占めます。参加されたみなさんには、参加賞としてティッシュ一箱が配られ、その箱の後ろにはマジックで副賞が書かれています。飲みもの一ケース、島バナナ、お米、豪華なものでは真珠のネックレスなど。それらの景品はすべて、地元の企業からの協賛です。一昔前まではヤギがテントに縛られており、職域リレーの優勝チームに贈られていました。

主役である船浮小学校の児童二人は、出演するプログラム以外は、放送係や道具係を機敏にこなし、時と場合で主役と裏方を何度も繰り返すのです。

僕もそんな小学生の一人でした。運動会が一番の楽しみで、どれだけの「てるてるぼうず」を作ったことか。

「隣の学校の友達は来てくれるかな?」「同世代のかけっこで一番になれるかな?」「買ってもらった新しい靴に、誰か気付いてくれるかな?」

子どもたちにとっては、年に一度の晴れ舞台。その子どもたちを盛り上げようと、自分のことは二の次三の次と、駆けつけてくれる島の人たち。この日のために、たいへんな苦労をされている先生方。そして大人たちもまた、やっぱり子どもたちは「島の宝」なんだと再確認する。そんな温かい一日が、「運動会」なのです。

そんな船浮の運動会のとりこになり、毎年運動会に日程を合わせて参加して下さる、民宿のお客さんも増えています。

愛情あふれる小さな学校の大運動会に、一度参加されてみてはいかがですか?

## 学習発表会

学習発表会がなければ、僕は三線を弾いてなかっただろうし、歌手にもなれてなかったと思います。

僕が小学生のころ、土曜日は午後から休みで、午前中は授業がありました。どの学年のときも土曜日の授業は、学活、清掃、クラブ活動とほぼ決まっていて、船浮《ふなうき》小中学校の場合、クラブ活動は前期がスポーツ系、後期は文化系となっていました。

後期のクラブ活動は、絵画や習字といった定番のクラブが多かったのですが、三線の弾ける黒島《くろしま》先生が赴任しているのに、習わないのはもったいないということで、地域のお年寄りが観に来てくれる学習発表会で三線を弾こうと、その先生が教える三線クラブができました。僕が小学五年生のときでした。

この小学五年生という学年は、「奇跡の五年生」と呼ぶ方がいらっしゃるほど大事な学年で、心も体も子どもと大人のちょうどあいだの多感な時期。このころに、女の子の身長に男の子がやっと追いつき男女とも体力が同じくらいで、男女入り混じって楽しく何かをするにも、おそらく最後の学年。修学旅行や宿泊学習などが、小学五年生に集中しているのも、何かそういう理由があるのだと思います。

その年に、三線クラブができたのも運命だったのかもしれません。それより低学年であれば、指が届かなくて難しく感じ、のめり込まなかっただろうし、中学生になるとおじさん臭い、かっこ悪いと始めてなかったかもしれません。実際、中学からはギターに夢中になり、三線を弾いてない時期も長くありました。楽器は何でもそうですが、初めのころは毎日やれば、日に日に上達していくものです。「上手だね」「すごいね」と褒められると楽しくなり、集中力も保てるようになったこの時期は、がっつりのめり込める分、上達も早かったように思います。

学習発表会で演奏し、その後の催《もよお》しものでも、僕が三線を弾いて民謡を歌うことが定番となりました。

恩師である黒島先生が転勤することになりましたが、入れ替わりで、八重山古典民謡の教師免許保持者である高嶺《たかみね》先生が赴任され、三線クラブは継続しました。この絶妙なタイミングも今考えると、神さまからの贈りものだったのかもしれません。

さて、今年の船浮小学校は、二人だけの学習発表会です。運動会とまではいきませんが、やっぱり地域のみなさんの参加は欠かせません。

体育館の入り口の左側には、二人の子どもたちが作ってきた絵や工作が、右側には地域のみなさんの手づくりの品が並びます。木や草で作られた民具、貝殻や珊瑚を使った工作、自慢の手作り料理。地域の大人もまた、隠れた特技をみんなに伝えることができる、発表の場なのです。

舞台の演目では、地域のみなさんは完全に観客にまわりますが、合奏や合唱、劇などでは先生方が加わります。児童より先生の方が圧倒的に多いので、大人の発表会に少し子どもが交《ま》じっているようなものですが、「子どもたちより目立ってはいけない」と、引き立て役に徹する先生方の思いがひしひしと伝わり、温かい気持ちにさせてくれます。

学習発表会の準備は、授業や放課後の時間をフル活用して、子どもたちが一生懸命作っていますが、小学生二人では、やはり限界があるのだと思います。本番までの数日間、学校は遅くまで明かりが灯《とも》り、先生方や学校職員が、劇に使う道具や衣装作りに励んでいます。

修学旅行の千羽鶴も、船浮では一人五百羽ずつ。僕のときは二百羽でしたが、「先生も平和を祈って、卓《すぐる》の分、折るよね」と手伝ってくれた先生が、神さまのように思えたものです。

こうして島の先生方は、どうしても足りないことを、最後の最後に補い、子どもたちを支えてくれています。地域のみなさんも、なかなか見ることのできない学校現場。学習発表会が終わると、子どもたちをいつも温かく見守り育ててくれている学校の先生方に、一段と感謝の念を抱くようになるのです。

# あたりまえと有難い

先日、船浮《ふなうき》小学校の授業参観がありました。

児童二人の授業に、集落から十三人の参観者。改めて「誰の子どもでも、島の子どもとしてみんなで育てる」島の温かさを感じました。

その時間は道徳の授業で、「お母さんのせいきゅう書」（作・グルエンブルク　訳・上村哲弥）という話をもとに、子どもたちは「気持ち」について考えていました。

たかしという男の子が、お使い代１００円、お掃除代１００円、お留守番代２００円、合計４００円の請求書をお母さんに出します。受け取ったお母さんは少し戸惑いながらも優しく微笑み、４００円を机の上に置きます。このまま請求書を出し続け、たくさんお金を貰おうとたくらむたかしに、翌日お母さんから請求書が届きます。

病気をしたときの看病代０円、お料理代０円、服や靴を買ったお金０円、など合計０円。

その請求書を見たたかしは、「自分は、自分が得することしか考えていなかったのに、お母さんは」と、お母さんからの深い愛情を感じ、涙する……。

船浮の人も、物語のお母さんと同じ感覚で、島の生活を送っているように思います。

家族のような島の人のことだから、自分たちが暮らす島のためだから。誰かのためにやったことや、島のためにやってきたことが、「子どもや孫に返ってきたら儲《もうけ》けもの」くらいの感覚なのです。いつまでも受け継ぎたい、清らかな精神です。

こうして、自分が誰かのためにやったときは、やって「あたりまえ」と思うのに、やってもらったときには決してあたりまえと思わず「有難い」と感謝する。船浮の人は時々、神さまのような考え方をします。

子どものころ、「やってもらったことや、何かをもらったときは必ず、お母さんかお父さんに報告する」というのが池田家の決まりでした。お年玉やお祝いで頂いたお祝儀も、ちゃんと両親に報告したあとは、「お母さんが預かるからね」と没収。あのころは、預かると言って両親のどちらかが使っているものだと思っていました。

大学生のとき、「卓《すぐる》から預かっていたお金だよ」と、大金が入った通帳をもらったときは、金額よりも、ちゃんと預かっていてくれていたことに驚きました。

親となった今、子どもが黙っていたら頂いた方にお礼も言えないので、「必ず報告すること」と、あのとき教わったことを同じように教えています。

あたりまえに助け合い、手を差し伸べる環境があり、やってもらった側は決して当然と思わず、必ずお礼を伝える。

まだまだ不便が残っていて、贅沢ができなかった昭和の時代はどこにでもあり、何より大切にしてきた美しき習慣が、この島にはまだ残っているのです。

「人に会ったときはまず、お礼を言うことがなかったかを考える」

「誰かが困っているときは、率先して手を差し伸べる」

両親が徹底していることを、しっかり受け継いでいきたいと思います。

## ひとりぼっちの卒業式

姉が、船浮《ふなうき》小学校に入学したときの話です。その当時の、船浮小中学校の児童生徒は、入学する姉を含めて三人。今とほとんど変わりません。

「一人ぼっちの入学式」の見出しで、父と手をつなぎ登校する写真が、地元の新聞に掲載されていました。母ではなく父？　と思ったかもしれませんが、母は学校で迎え入れる側。前年度から、船浮小学校に勤務していたのです。あろうことか、ピカピカの一年生になった姉の学級担任は、「トシ子先生」なんと、お母さんです。

姉の学校生活は唯一無二。家でも学校でも、お母さんと一緒です。授業参観では、母が教える姉の授業を、父が観に行きます。三者面談は、父、母、姉で、はたから見れば家族会議。家庭訪問も、母にとってはただの帰宅となります。

親が担任とか、ありえないと笑ってしまうかもしれませんが、離島ではそんなに珍しい話ではありません。お子さんのいる先生が家族で離島に赴任すると、一《ひと》クラスの小規模校ばかりなので、自分の子どもを教えることはよくある話なのです。

ちなみに、僕の一年生の担任は母ではありませんでしたが、高学年時の音楽の授業と、ミニバスケットの監督は、「トシ子先生」でした。

子どものころは学年一人であっても、少ない人数の島の学校しか知らないということもあり、自分の学校環境が特殊だと感じたことはありませんでした。しかしそれは、地域や学校の先生方が、一人ぼっちであることを感じさせない工夫や、寂しさを紛らわすほどの愛情を注いできたからだと、大人になって気が付きました。

生活拠点を船浮に移し、地域住民として初めて参加した学校行事は、たった一人の卒業生、大陽《たいよう》の小学校の卒業式。

学校の入学式や卒業式も、運動会、学習発表会同様、地域のみなさんが参加して行われます。その日も、ほとんどの地域住民が参加して、大陽一人の卒業式を祝いました。

大陽がお辞儀をするたびに、深々と頭を下げる島の大人たち。こうして、子どものころから、一人の人間として尊重され育っていくので、かわいくなるわけです。

卒業式には、びっくりするほど多くの祝電が届いていました。それらの祝電は、お偉いさんが各学校に配布するものとは違います。一年生からこれまで、大陽の担任を受け持った先生方や、大陽と共に船浮で学校生活を送り、転勤された先生方から届いた、大陽のためだけに綴《つづ》られ、大陽のためだけに贈られた特別な祝電です。

子どもたちは、一対一で教わった先生方を、一生忘れることはありません。それは、先生方も同じなのかもしれません。たった一人の教え子は、子どものような、妹・弟のような特別な存在となり、いつまでも覚えてくれているのでしょう。

特殊な環境ではありますが、決してあたりまえではない、地域や先生方から愛情を注いでもらえる、最高に「特別な環境」でもあるのです。

# 節祭《シチィ》

節祭《シチィ》は、旧暦のつちのとい（己亥）から日取りを選び、三日間にわたって行われる、船浮《ふなうき》で一番大きな神行事です。

新暦の十月か十一月に行われ、農耕のお正月にあたる節祭は、初日が「トゥシヌユ」といって大晦日に当たります。

二日目は「ユークイ」で、無病息災と豊作・豊漁を祈願する行事、ヤーフヌ手、ハーリー、アンガー、パチカイ、棒術、獅子舞などが、盛大に行われます。

三日目は井戸行事が行われる「トゥドゥミ」になりますが、近年では、ユークイの日にトゥドゥミも一緒に行っています。

西表島《いりおもて》の「祖納《そない》」と「干立《ほしたて》」両村の節祭は、五百年以上の歴史があり、国の重要無形文化財に指定されています。同じ日取りで、同じ歴史があるにも関わらず、後継者に正しく受け継がれていないとの理由で、文化財に指定されなかった船浮の節祭。

祭りが衰退してきた原因はもちろん船浮にありますが、文化財に指定されなかったことが、祭りの活気や認知度の差となっていることは否《いな》めません。後継者不足が深刻な過疎地域だからこそ、文化財として保護して、祭りの衰退を食い止めなければならないはずだと、個人的には思っています。

地元の青年が少ない船浮では、子どもたちが代役を担ったり、言い回しの難しい狂言を先生方に託したり、二十人要するハーリーの漕ぎ手はどうしても足りず、隣村の白浜《しらはま》から中学校の生徒に参加協力してもらい、やっとのことで行《おこな》っている状況です。

幼いころから、節祭のハーリーの漕ぎ手が足りないと、島の大人たちが頭を抱えていたのを、ずっと見てきた僕。

「船浮の人だけで、祭りを継承していくのは難しくなってきている。故郷を離れた島の人たちが、祭りの日だけでも帰ってきてもらえたら。ずっとずっと昔から、とても大切にされてきた節祭の日だけでも、船浮が元気であって欲しい」

その思いは、十九歳のときに作った、デビュー曲「島の人よ」にも綴《つづ》られています。

# 島の人よ

池田 卓

生まれ島を離れ暮らす　島の人よ
覚えてますか？　生まれ島の祭唄《まつりうた》を
大きな夢を都会に描く　島の人よ
強く育てた　あなたの島こそが　夢の島よ

島の人よ　またいつの日か　祭り咲かせてみようじゃないか
島の人よ　またあの海で　サバニこいでみようじゃないか

島を離れ帰らぬ人よ　島の人よ
何処《どこ》にいますか？　何してますか？　お元気ですか？
都会で暮らし　手にしたものも　大切だけど
何々よりも　大事にして欲しい　生まれ島を

島の人よ　またいつの日か　故郷《ふるさと》咲かせてみようじゃないか
島の人よ　またあの海で　サバニこいでみようじゃないか
島の人よ　いついつの日か　祭り咲かせてみようじゃないか
島の人よ　いついつまでも　生まれ島を忘れないで

生まれ島を忘れないで……

# 豊年祭《ほうねんさい》

節《シチィ》祭と同じく、大切な神行事である豊年祭《ほうねんさい》は、毎年七月ごろ（旧暦六月の「癸甲《みずのときのえ》」から日取りが決まる）行われています。

神さまへ祈りと歌を捧げ、パチカイ、棒術、獅子舞を披露する、人と神さまとの祭りです。奉納のあとには、豊年祭を観に来られた方も楽しめる力試しや綱引きも行われます。力試しとは、六十五キロほどある「力石《ちからいし》」と呼ばれる丸い石を、俵袋《たわらぶくろ》のように肩にかつげるかを競うものです。「持ってみたい」と飛び入りする力自慢のお客さんと、島の青年たちが力を競い合い、会場は大いに盛り上がります。六十五キロの人をおんぶするのは簡単ですが、重たい丸い石を持ち上げ、肩にのせることは並大抵のことではありません。野球部で鍛えた学生時代でも持てなかった力石。昔は、父と英松《えいしょう》オジィだけが持ち上げていて、力持ちの父を誇らしく思っていました。

沖縄本島に住んでいた二十代の前半、テレビ番組の取材で船浮《ふなうき》まで来てもらったとき、「今は持てないけど、将来船浮に帰ってきたら神さまが持たせてくれるはず」と、御嶽《うたき》で力石の話をしたのを覚えています。それがほんとうに、船浮に定住した年から持てるようになったので、不思議なものです。ちなみに六十五キロの力石の重さをビールケースに換算すると、八ケース近くになります。一度、その力石をかついだ人が、最後に再び集まり、何回持てるかでチャンピオンを決めるのです。

そのあと、全員参加する綱引き。ミルク節で神さまをお送りして、豊年祭は終わりとなります。昔は、豊年祭も二日間行われていたそうですが、現在は一日に短縮されています。それは、船浮の人口減少によるものではなく、豊年祭の重要性が薄れてきたことによるものです。と言うのは、船浮ではもう、農業が行われていないのです。おなじく漁業も行われておらず、民宿等の観光業と琉球真珠《りゅうきゅうしんじゅ》、船浮海運《ふなうきかいうん》、学校職員が、船浮の全ての職種となります。

この一年の恵みに感謝し、来る年の豊年豊漁を神々に願う豊年祭。台風や干ばつに見舞われ、作物が実らなければ死活問題だった時代と比べ、豊作を祈る豊年祭が、形だけになっているのも仕方がないことかもしれません。

そこで船浮に戻ってきて間もなく、豊年祭に使うお神酒《みき》の分だけでもと思い、田んぼを作り稲を育てました。しかし、お神酒の作り方が伝承されておらず、昔の人に聞いてみると、子どもの唾《つば》を大量に入れて発酵させるとのこと。衛生面からも、祭りでお神酒に口をつけられないという話になり、最近は米作りもお休みしていますが、将来は必ず船浮で米作りを再開し、販売までできるようになりたいと思っています。

「販売まで」とこだわる理由は、農業に携《たずさ》わる人が増えれば、豊年祭は必ず島にとって重要なものになるからです。祭りが甦《よみがえ》れば、その祭りをずっと司《つかさど》ってきた島のお年寄りも元気になります。島の人も心から願い、歌い、舞い、島の大人が真剣に向き合う祭りを、子どもたちも心弾《こころはず》ませ楽しみにするはずです。

そうなると、作ったものを販売するときに、絶対に必要となってくるのが、船浮の「知名度」です。船浮音祭《おとまつ》りや池田《いけだ》卓《すぐる》の活動が、船浮でものづくりを復活したとき、販売の手助けになればと思うのです。

二〇一三年から挑戦している、コーヒー栽培や養蜂、庭に植えてある島バナナ。

「船浮のお米」「船浮産島バナナ」「ふなうきのはちみつ」「船浮珈琲《コーヒー》」

店頭に並ぶ日がくれば、船浮の神さまはどんなに喜ぶことだろうか。

船浮の青年は、挑戦してみたいと思うのであります。

# じゃじゃまるツアー

何か新しいことやビジネスを始めようとすると、地域の人の理解を得るのに一苦労する時代が島にはありました。その挑戦者が地元の人でなければ、反発もさらに大きなものとなります。どこの島にもまだ残っているはずですが、「郷に入れば郷に従え」を胸に地域に溶け込もうと、慣れない土地で必死に頑張ってきた移住者のみなさんのおかげで、近頃では島の人たちも疑うことから入《はい》らなくて済むようになりました。

ただ、その保守的な地元の態度が、島の秩序を守ってきたというのは言うまでもありません。そういう面では、今の若い世代が一番恵まれているのかもしれません。先輩方が地道に切り開いてきたおかげで、新しいことにチャレンジしやすい環境があり、過疎化と時代の変化により、挑戦する若者を地域が応援し、移り住む人を温かく迎えてくれるようになったからです。

船浮《ふなうき》に戻ってきた当初は、そんな恵まれた時代になったし、そこに住む人が笑顔で輝いていれば、人口問題も解決できると楽観的に考えていました。

「豊かな自然の中で、たくましく人間的にも豊かな人が、なんとも楽しそうに暮らしている。そんな人々に囲まれて暮らしてみたい」と、移り住む人も増えるのではないかと。

間違ってないとは思いますが、そんな理想にも、住む場所と生活が成り立つほどの仕事がなければなりません。

二〇二〇年現在、小学生二人、未就学児一人。三年後には、うちの子だけになる船浮。今すぐ新しい仕事を自分たちで作らなければ、公民館での話し合いで「村を存続させるためには、大きなリゾート会社を誘致するしかない」という寂しい話題を取り上げることになります。

そこで始めたのが、コーヒー栽培や養蜂でしたが、どうしても時間がかかります。ブランド化できたとしても、何十軒のコーヒー農家、養蜂家が取り組めるような土地がありません。たどり着いた答えが「ツアーガイド」でした。

船浮は日帰り、もしくは一泊で十分という雰囲気がある。船浮にカヌーやスノーケル、ダイビングといった一日ツアーがあれば、お客さんにも二泊、三泊と連泊してもらえるし、いろんな相乗効果が期待できる。

知識が必要なガイドは、島のことを学ぼうと努力するので、何でも知っている地域の人を尊敬してくれるはずだ。自然を相手にするガイドは、自然が好きで、自然を大切にでき、また自然の怖さを十分に知っている、頼もしい青年ということになる。地域の人を尊敬でき、自然が好きで、その知識もあり、訪れる人に楽しんでもらおうと、気遣い、おもてなしができる。そんな魅力のある青年が、船浮にどんどん増えたらどんなに素敵なことだろう。

考えれば考えるほど、楽しくなって「じゃじゃまるツアー」がスタートしました。

なぜに「じゃじゃまるツアー」かといいますと、小学校の教員をしていた母が、通勤に使っていたマイボートの船名《せんめい》が「じゃじゃまる」だったのです。その当時、NHKの「おかあさんといっしょ」に登場していた人気キャラクター「じゃじゃまる」「ぴっころ」「ぽろり」。船の名前は、〇〇号、〇〇丸とつけるので、もじって、子どもが喜びそうな「じゃじゃまる」と船に名前を付けたのです。その後「はにまる」という船もありましたが、「じゃじゃまる」ほど周りの反応が良くなかったので、池田家の船は「じゃじゃまる2」「じゃじゃまる3」と「じゃじゃまる」が定番になっていきました。

その「じゃじゃまる」に乗ってツアーに行くから「じゃじゃまるツアー」と命名。マングローブに行く「じゃじゃまる2」、スノーケルに行く「じゃじゃまる7」、ダイビングに行く「じゃじゃまる8」と、どんどん船もスタッフもガイドも増え、知識や経験を積んで、いずれ独立していって欲しいと理想は膨らむばかり。

しかし、商売はそんなに甘いものではありません。スタッフどころか、最初に五つしか揃えていないスノーケルセットも使いきれず、なんで「池田《いけだ》卓《すぐる》ツアー」にしなかったか？　と、みんなに言われる始末。それでも「自分が儲《もう》けたいだけではなく、俺には野望がある」と、じゃじゃまるツアーに励みました。

今では、怪しい名前だと一度敬遠したという方も利用してくれたり、常連さんも増え、西《いり》表《おもて》島内のみなさんにも「あ、卓のとこ」「船浮のツアーね」と知られるようになりました。

「お金と時間をかけてでも行く価値がある」船浮に、そう思ってもらえる自然と風景が残っているだけに、寄り添いながら、価値のあるツアーを提供していきたい。そして、一家族でも二家族でも「じゃじゃまるツアー」出身の青年が、船浮に住んでくれることを僕は夢みています。

新しい仕事を作るということは、数えきれないほどの挫折と失敗を繰り返すということ。それを成し遂げた先人たちが、たくさんいるということ。

ぜひ、やってみたいものです。

# イダの浜

西表島《いりおもて》で一番きれいな砂浜と言われ、美しい日本のビーチ「ベスト10」にもランクインされているイダの浜。一昔前までは、船浮《ふなうき》に宿泊された方のプライベートビーチでしたが、近年はイダの浜を目的に船浮を訪れる方も増えてきました。

四百メートルほどの真っ白な砂浜に、透き通った水。人気のウミガメも多く、沖に出れば珊瑚の群落が広がっています。

不思議なことに、その手前の砂浜までは、かなりの漂着ゴミがあるのですが、潮流の関係なのか、イダの浜に流れ着くゴミはごくわずかです。また、これまでにハブクラゲの目撃情報は一件しかなく、どんなに大量発生した年でも刺された人はいません。これだけ条件が揃うと、イダの浜だけ護《まも》られている印象さえあります。

夏場はビーチパラソルが並び、かなりの人で賑わうイダの浜ですが、海の家や売店はありません。泳ぎに来られた方は、飲みものを持参してイダの浜でそれぞれの時間を過ごし、船浮を散策しての日帰りがほとんどです。

「こんなにお客さんが来ても、船浮にお金が落ちてないじゃないか。何か工夫しなさい」と、経済界をリードする先輩方から時々お叱りとご提案を頂いておりますが、西表島や八重山《やえやま》に遊びに来られたみなさんの満足度に、船浮のイダの浜が貢献していると思えば、それだけでも嬉しいものです。

イダの浜が、これだけ人気になると思わなかったように、生まれ育った島が基準となっている僕たちには、島の魅力を最初に探すことが容易ではありません。

じゃじゃまるツアーで、誰もいない砂浜でお弁当を食べていたとき、県外から来られたお客さまに、「人工物が何も無い、最高に贅沢な場所に連れて来て頂き、ありがとうございます」とお礼を言われたことがあります。

僕には、人工物が何一つ無い景色が、「贅沢」だという発想がありませんでした。人工物が何も無いことが、田舎の象徴で恥ずかしいと昔は思っていたほどです。

考えてみれば、「無い」と言われていたのは、人が作り出した「人工物」のことで、自然が作り出したかけがえのないものは、どこよりもたくさんあるということです。

こうして僕たち島の人は、自分たちで気付けなかった島の価値を、外からいらしたみなさんに教えてもらい、島を誇りに思うようになってきました。

それは、他の場所でも同じのようです。

僕は仕事柄、いろんなところに行かせてもらっていますが、ハワイの人も「ハワイの良さは、他所《よそ》から来た人に教えてもらった」と話していました。

ハワイは、沖縄に境遇がよく似ていて、人も温かく、友達がいっぱいいる大好きな場所です。初めて行ったとき、都会的な街と自然が融合した、ハワイの海に沈む真っ赤な夕日に、圧倒されました。ヤシの木のシルエットにジョギングを楽しむ人々。どこをとっても絵になる風景に、ここの夕日は最高だなと素直に思ったものです。

そのハワイから、最終便の定期船で船浮に帰ってきた僕を、イルカの群れが迎えてくれました。定期船が船浮に着くと自分の船に乗り換え、イルカの撮影をしようと船を走らせました。イダの浜の向こうに沈む、真っ赤な夕日と飛び交うイルカたち。

世界一の夕日でした。

年に数回しか船浮湾に入ってこないイルカが、このタイミングで来たということは間違いなく、「この島が一番だよ」と、イルカたちが教えてくれているのだと思いました。ちなみに、インスタグラムのスタートの写真がそのときの一枚です。

どこの場所にも、それぞれの良さ、それぞれの魅力があります。船浮の良さを見失《みうしな》わないようにするためにも、まずは船浮の魅力をしっかり知っておきたい。

西《にし》の田んぼの浜から、西田《いりだ》の浜で「イダの浜」。

昔のような田園風景はありませんが、いつまでも贅沢な景色を残していくことが、僕たちの使命だと思っています。

# イカ釣り

八重山《やえやま》の十二月の平均気温は、19度。やっぱり南の島は、暖かくていいなと思うかもしれませんが、寒いんです。本土の寒さを知らないからだと笑われそうですが、県外から移住された方が「沖縄寒い」と口を揃えて言うので、やっぱり寒いのだと思います。

その訳は、海からの強い北風で、体感温度が低くなるからです。一般的に、北風1メートル吹くと体感温度は1度下《さが》ると言われていますが、冬場は風速15メートル以上の北風が吹く日も多く、気温では測れない寒さが沖縄にはあるのです。

そんな海からの北風を、厚手のジャンパーでしのぎながら、船浮《ふなうき》の桟橋でイカ釣りを楽しむのもこの季節。夕方になると、子どもからお年寄りまで桟橋に並びます。イカが釣れても釣れなくても、みんなこの時間が好きです。

仕事が終わってホッとするひととき。子どもにとっては、今日の遊びの締めくくり。釣れたら、酒の肴《さかな》にしようとたくらむオジィ。

考え事をしながら、ボーっと竿を投げ込んだり、何気ない会話を楽しんだり、コミュニケーションの場としても、桟橋でのイカ釣りは活躍しているようです。

ところが、最近はイカが釣れなくなり、イカ釣りに励む人も減ってきました。原因は、ウミガメの増加にあるようです。

僕たちが子どものころ、船浮周辺の海には「ウミショウブ」という海草がいっぱい生えていました。ウミショウブの群落は、まるで海の中の森のようでした。

ウミショウブは、陸から海へと生息場所を変えた海草で、海に生きる今も、花を咲かせ受粉により繁殖しています。その受粉の仕方が、ユニークで神秘的。夏の大潮の最干潮の一時《いっとき》だけ、水面に顔を出す雌花《めばな》。その、一瞬のタイミングを見計らい、雄花《おばな》から放たれた大量の花粉が海面に放出されます。遠くから見ると発泡スチロールの粉のような二ミリほどのその花粉は、まるで小さな妖精。フィギュアスケートの選手のように海面を滑り、漂いながら、運のいいほんのわずかな花粉だけが、雌花にたどり着けるのです。

こうして、長い年月をかけ海の森を育んできたウミショウブ。その上を泳いでいると、小さな魚の大群やそれを狙う大きな魚、ナマコ、貝など、たくさんの生きものがいて、ウミショウブにはアオリイカの卵もギッシリと付いていていました。

しかし、海の生態系のバランスが崩れているのだと思います。ここ数年で、ウミガメが驚くほど増え、そのウミショウブをほとんど食べ尽くし、ウミショウブの森は消えてしまいました。その結果、スクやナマコ、イカなどのウミショウブで育ってきた生きものが、極端に少なくなっているのです。

ウミガメの天敵であるサメは、漁業に大きな被害を及ぼすので駆除されています。ウミガメは、孵化した赤ちゃんの放流活動が行われています。ウミガメの産卵場所である、自然の砂浜が埋め立てにより消失し、孵化したウミガメの子どもも、漂流ゴミで行く手を遮られ、干からびたり、鳥に食べられたりと、ウミガメの生息環境も厳しくなっているためです。

どちらも大切なことですが、人間が手を加えると、どうもバランスが崩れていくように思えてなりません。

桟橋から餌木を投げて、ゆっくり巻くイカ釣り。

普段はじっと見ない海をゆっくり眺め、考え事をする。頭の中を整理する。空を見て、心を落ち着かせる。明日の天気を読む。誰かと会話をする。そして、船の係留の最終確認をする。

何気ないことだけど、大切なことがギッシリ詰まったイカ釣りは、この島には欠かせないことだったのです。

豊かな海が、ずっと残っていきますように。僕たち人間は、その努力を惜しんではなりません。

## 移動時間は貴重な時間

ライブやイベントなどで週末は出かけることも多いのですが、毎回の船浮《ふなうき》からの移動をたいへんだと思ったことは一度もありません。

人はそれぞれ普段の生活が基準になります。僕にとっては、生まれ育った船浮からの移動が基準になっているので、最近では全ての乗りものの便数も多くなり、便利になったとさえ感じているくらいです。

船浮は、首都・東京から一番乗り継ぎの多い日本ということになりますが、移動時間や乗り継ぎの時間を冷静に分析してみると、僕にとって、とても重要な時間ばかりでした。

まず、家から港までの三分は、留守のあいだ家族やスタッフに伝え忘れたことが無いかを考えて歩きます。船浮から白浜《しらはま》までのマイボートの操縦をしている十分間は、財布や携帯電話、楽器などの重要な忘れ物がないか？　また、予定や乗りものの時間を、頭の中で再確認する時間です。そうすることで、手帳や携帯を見返したりする必要もなく、逆算して時間を上手に使うことができます。

白浜から上原《うえはら》港までの車の運転二十分間は、大きな声で歌を歌っています。西表島西部の上原港が欠航になり、東部の大原《おおはら》港までなら、さらに一時間の発声練習。毎日歌っていないと喉が閉まり、高音や大きな声が出しづらくなったり、すぐに声が嗄《か》れやすくなるので、普段の運転でも車の中では大きな声で歌うようにしています。島では、この大声を出せる場所探しがなかなか難しいのです。静かな集落なので村じゅうに響いてしまうし、家で大声を出すと家族に迷惑だし、大海原で気持ちよさそうに思える船の操縦時は、エンジン音で自分の声も聞きづらく練習になりません。誰にも迷惑をかけず大声を出せる一人きりの空間が、車の中となるわけです。

西表島の西部か東部、どちらかの港に着いてから石垣《いしがき》島行きの船に乗るまでの空いた時間は、着信履歴があればかけ直したり、メールの返信に使います。渋滞がない西表島では、予定通りに港に着くので、だいたい出航までの十分間がその時間となります。

西表島から石垣島までの高速船に乗っている五十分間は、やはり船のエンジン音が大きいので、イヤフォンで好きな音楽を聴いたり、英語のヒヤリングをしたりしています。これも、普段ならわざわざ時間を作ってできないことですが、ゆっくり音楽を聴いたり、英語の耳を鍛えたり、たびたびこの時間を与えてもらえるのは嬉しいことです。

石垣港から「南《ぱい》ぬ島《しま》石垣空港」までの車の運転三十分間も、発声練習をしたいところですが、西表島と違い石垣島はかなりの交通量があるため、対向車や信号待ちの車に、大声で歌っている変な人だと思われるのも何なので、ラジオを聴くようにしています。沖縄本島にいるときと比べて、車の運転をする機会がかなり少なくなり、それに伴い、ラジオを聴く時間もめっきり減りました。飛行機の出発時間は毎回異なるので、いろんな番組を聞くことができ、好き嫌いではなく、その時々でどんな番組とトークに出会えるのか? また、パーソナリティーとして、どんな話し方が心地良くてどんな言葉が気にかかったか、こういう伝え方もあるのかと、勉強しながら聴くようにしています。

空港に着いて、チェックインしてから出発までの間は、本を読んだり音楽を聴いたり集中してしまうと、飛行機を乗り過ごしてしまう可能性があるので、携帯電話で友達のSNSをチェックしたりしています。携帯電話を失くしても、電話をかけたいときにやっと気付くほど、携帯電話に全く依存していない僕には、これがまた貴重な時間となるのです。

飛行機の中では、イヤフォンで音楽や英会話を聞きながら本や雑誌を読んだり、寝れるときは惜しみなく仮眠をとるようにしています。移動日だけで一日が終わるのはもったいないと、会食からそのまま飲みに出たり、仕事やミーティングが入っていたり、移動したその日にライブをすることもあり、移動日は意外とハードなのです。深夜までかかって眠気を感じたときに、

「飛行機で寝たから大丈夫」と自分を奮い立たせるためにも、飛行機での仮眠は取るようにしています。

長い移動時間は、思考を巡らせることのできるとても重要な時間です。

情報があふれる今日、情報を取り入れるのに精一杯で、自分の考えをそこにプラスする時間も習慣も無くなってきたように思います。インプットだけではなく、アウトプットも大切だと言われますが、そこに自分の意見をしっかり取り入れなければ、アウトプットとは言えません。そのためにも、考える時間は必要です。

移動時間をフルに使い、思考を巡らせ熟成させる。

たいへんに思える移動時間こそ、かけがえのない貴重な時間だったのです。

# 優しさの場所

二〇一四年、父は「瑞宝単光章《ずいほうたんこうしょう》」を受賞しました。

「瑞寶單光章」と書かれた受賞の通知が届いたとき、池田家には自信をもって読める人がおらず、どれだけの価値があるのかもわかっていませんでした。

「お祝いはいつ?」と聞かれても、「お祝いをするほどのことでもないさ」と笑ってごまかしていた父でしたが、島じゅうで祝賀ムードが高まり、本人の同意を求めず実行委員会が発足。隣村の公民館長が揃《そろ》って実行委員会に名を連ねる、異例の祝賀会に発展しました。

お祝い当日には、万国旗をたなびかせた海上保安庁の船が、船浮港《ふなうき》に入港。定期船に乗りきれないほど島内・外からたくさんの方が駆けつけ、船浮はお祝いムード一色となりました。

祝賀会の中で、海上保安庁の方がお礼のあいさつを述べられていました。国際緊急避難港にも指定されている船浮湾のブイ、立標、灯台の管理、不審船や密航船の通報、海難事故時の救難救助・捜索を長年勤めてきたことが受賞に至ったようです。

挨拶を聞いていて僕もびっくりしたのが、父に贈られた感謝状や表彰が、今回で「三十七回目」だということ。海上保安関係六回、警察関係五回、消防関係三回、農林水産関係五回、教育関係四回……。幼い記憶をたどると、確かに古い家の天井間際《てんじょうまぎわ》には、ところ狭しと額に収められた賞状が飾られていました。

大人になると、ほとんどの人は賞状をもらう機会が無くなるので、感謝状となると一度でも誇りなのに、三十七回は驚きです。

嬉しかったことが、父の祝賀会のために、ここぞとばかりにみんな進んで手を貸してくれたことです。

「米蔵さんのお祝いだから」「ヨネゾーと言うから」「米蔵さんにはお世話になって」やっぱり父は、みんなから愛されているのだと安心しました。と言うのは、もちろん僕からすれば、一番尊敬する人で、最後の目標でもあります。とても面倒見がよく、常日頃から考えていないようで、他人《ひと》のことをよく考えています。地域や学校のこと、困っている人への努力を惜しむことはありません。使命感をもって、表彰される以上のことをしてきています。

ただ、客観的に見ると「難しい人」そのものなのです。口は悪いし、自分の機嫌でモノを言うし、すぐ人のせいにする子どものようなところがあります。面と向かって文句を言うし、自分が変わっているくせに、人のことを変わった人だと言います。

要するに、嫌われる要素もたくさん持ち合わせているのです。

それでもこれだけみんなから愛されているわけは、父の優しさの場所にあると思うのです。

父は、いつも優しいわけではありません。どちらかというと、厳しいことを言う方が多いし、そのときの口も悪いです。

それでも、大きな失敗をしたとき、ほんとうに困っているとき、ほんとうに弱っているとき、父は誰よりも優しいのです。誰よりも親身になり、誰よりも味方になり、とにかく誰よりも優しいのです。

人は誰でも、いつでも誰にでも優しくできたらと思います。それが難しいのです。

父は誰に習ったのだろう？

誇りに思います。

## 聞き上手

父は、何でも自分で修理しますが、大きな船の複雑なエンジントラブルとなると、メーカーさんに修理を依頼することもあります。そのときは必ず立ち合い、作業の一部始終を見ています。頭で理解できないことは、どんなに若い新人の作業員さんでも、謙虚に聞いています。聞くことで会話は弾み、お互いの技術を会話の中で交換しながら、楽しく作業を進めていきます。聞いたことによって、原因と解決方法がわかっているので、その後、同じ症状・故障の場合は、部品を注文して自分で直していくのです。

できないことだけでなく、できることでも、知っていることでも、父は「人の話を聞く」ことに、長けているように感じます。

どんどん進化する道具や仕組みを見てきているからでしょうか。単純なことや常識的な話でも、とにかく聞いてから話し始めます。

釣りのことや、イノシシのこと、自分の方ができることでも「おほ～」と、とにかく聞いているので、蓄えた知識と経験に、さらに新しい情報を取り入れ、どんどん極めていけるのだと思います。

考えてみれば、人の話を聞かず、しゃべるだけの人は提供ばかりで、今の自分以上になることはありません。人の話を聞くからこそ、自分の経験以上の成長と結果が出せるのです。

人というものは、年を重ねたり、権力を握ったり、やってきたこと、できることに関しては、誰にでもどんな話にでも「聞く耳を持つ」ということができなくなってしまいます。

環境も道具も常識も価値観も、どんどん変わっていくこれからの世の中では、聞く耳を持つ柔軟な姿勢は、とても大切になってくると思います。

しかし、決して聞いてはいけないことがあります。

「陰口」や「悪口」です。

悪口を言っている人の、ストレス解消になるならと、優しい気持ちから聞いてあげている人もいるかもしれませんが、陰口、悪口は悪循環を生みだすだけです。

悪口は、人の悪いとこを探し続け、悪く言い続けることで、その人を恨む感情に拍車をかけます。陰口は、周りを不愉快にさせ、人の性格、人生までも変えてしまいます。また、陰口、悪口を言う人は、聞いてくれた人の悪口もどこかで言っているものです。だから、聞いて良いことは一つもありません。

最も気をつけて欲しいことは、悪口を言う人は、一緒になって悪口を言ってくれる相手を、わざわざ選んで悪口を言うものです。悪口を聞かされた場合は、自分も悪口をする人と思われているのだと、反省しなければなりません。

「人の話を聞く」

「悪口は聞かない」

この二つが、小さな島で、小さな組織で、みんなで力を合わせてやっていく、最大の秘訣なのかもしれません。

# 第四章

# 八年ぶりの「こいのぼり」

# こいのぼり

昭和五十四年五月二十四日に生まれた僕。一才を迎える間近の、昭和五十五年五月三日の沖縄タイムスに、「八年ぶり、大空にこいのぼり」という見出しで記事を書いてもらいました。船浮《ふなうき》に、八年ぶりに男の子が誕生したという記事です。

その記事には、船浮の人口は三十八名、電気は村の自家発電で、夜九時から朝六時までは供給停止。「母・トシ子さんは、暑く寝苦しい夜は、うちわで仰いで卓《すぐる》ちゃんを寝かせる」と書かれています。その後、二十四時間送電が船浮で開始されたのは、僕が四歳のころだったようです。「復帰後初めての男の子・卓ちゃん」「夢託し、島あげて成長願う」太字で書かれたその文字に、生まれたときから大きな島の愛情に包まれて、大事に育ててもらったことが窺《うかが》えます。

人口こそ今と変わらないものの、あのころの船浮は、今よりも高齢化が進んでいたように思います。過疎化、高齢化が、村の深刻な悩みだったこととは裏腹に、幼い僕にとっては、優しいじいちゃん、ばあちゃんに囲まれた最高の環境でした。

もちろんあの当時も、船浮には保育園も幼稚園もありません。うちの両親は共働きだったため、池田のばあちゃんや、すぐ隣に住んでいた仲立《なかだて》のじいちゃん、ばあちゃんによく預かってもらっていました。どこの子どもでも、自分たちの島の子ども。みんなで育てるという考え方は、今も昔も変わりません。

生まれたときにはすでに、両方の祖父が亡くなっていた僕にとって、仲立のじいちゃんは唯一、思い出に残るじいちゃんです。「じいちゃんは一人しかいないけど、ばあちゃんは三人いるよ」と、自慢するように人に話して、よく笑われていました。

昔の沖縄は、「産みの親と育ての親」がいたという話を聞いたことがありますが、その当時の船浮は、まさにそんな感じだったように思います。

もちろん、両親が子育てそっちのけ、ということではありません。島のお年寄りに負けず劣らず、両親にも大事に育てて貰いました。怒られたことは数えきれないほどありますが、手を上げられたことは今の今まで、たったの一度もありません。

「八年ぶり、大空にこいのぼり」の記事の最後には、「『スクスク育って島を守り継いで欲しい』過疎に泣く島の人たちは、八年ぶりのこいのぼりに大きな夢を託している」と締めくくられました。大きな夢に応えられるように、しっかりと島を守り継ぎ、恩返ししていきたいと思っています。

# 干立《ほしたて》のばあちゃん

船浮《ふなうき》で、お年寄りに囲まれスクスクと育った僕。二つ上の姉が、同世代で唯一の遊び相手でした。「一粒の米でも、二人で分けて食べなさい」と、祖母に教えられてきたこともあり、姉にもまた優しくしてもらいました。

「人はみんな優しい」と思っていた僕にとって、同じ年ごろの子どもたちは「怪獣」そのものでした。おもちゃは奪うし、叩くし、大きな声で泣くし、自由奔放。そのうち僕は、子どもを見ると、逃げ隠れするようになったそうです。このままでは、人見知りの激しい子になってしまうと、三歳の僕は、船で十分の白浜《しらはま》にある保育所に通うことになりました。

全く記憶にありませんが、早速二日目から「保育所には行かない」と大泣きし、三日目の朝には、家の向かいにあるふなうき荘（民宿）のトイレに隠れ、中からカギをかけ見つからないようにずっと声を潜めていたそうです。

三日坊主にも及ばず、二日で白浜保育所を退園。また天国のような、お年寄りとの生活に戻れると思っていましたが、今度は西表《いりおもて》保育所に通う案が浮上していたのです。

干立《ほしたて》にある母方の祖母宅から、一キロほど離れている西表保育所には、姉がすでに通っていたこともあり、今度はすぐに慣れたようです。ただ、祖母と姉との三人暮らしは、寝るときがたいへんだったようで、僕が寝付くまで両親が毎日干立に通ってくれていました。夜中に目を覚まし、お母さんがいないと祖母の家中を必死に探し回ったことだけは、なぜか覚えています。母がいなくても寝れるようになってからは、祖母のたぷたぷした腕を、姉と片方ずつ握りながら寝ていました。

「男の子は、泣くものじゃない」と教える、明治生まれの干立のばあちゃん。

保育所で、お兄ちゃんたちにいじめられたとき、「お母さんに言うからよ」と言うと、「だったらなんばぁ」と言い返されますが、「ばあちゃんに言うからよ」と言うと、みんなすぐ謝りにきて、優しくしてくれました。

波照間《はてるま》島生まれの祖母は、小学二年生のときに母を亡くし、学校に行かずに妹たちの面倒を見ていたそうです。辛い思いをした分、人に優しく、難儀をした分、自分の分までなんでも人に与えるような人でした。

保育所のお弁当は、いつも祖母が作ってくれました。ご飯は赤飯で、おかずは大根とニラの煮物に、らっきょう、芋、魚の天ぷらなど。幼い子どものカラフルな弁当とは似ても似つかないものですが、僕も姉も、祖母の弁当が大好きでした。

ただ一度だけ、リクエストをしたことがあります。ある日、お友達の弁当箱を覗くと、ウサギの形をしたリンゴが入っていました。「ばあちゃん、友達の弁当によ、くだものが入っててよ、リンゴの皮がウサギの耳みたいになっててよ」と説明したら、うなずいていた祖母。翌日、弁当箱の片隅に、銀紙《ぎんがみ》（アルミホイール）に包まれた何かが入っています。心を弾《はず》ませ銀紙を開《ひら》いてみると、中にはきれいに皮をむかれたバンシルー（グアバ）が入っていました。

姉が小学生になり船浮に戻ったため、干立に住む同い年の昌和《まさかず》と二人で保育所に通うようになった僕。ある日、昌和が風邪で早引きします。保育所のある祖納《そない》から、お家《うち》のある一キロ先の干立まで、一人で帰らなければなりません。帰り道には、幽霊が出ると言われている与那田《よなだ》橋《ばし》や、百メートル程ある、薄暗い木のトンネル「マヤパタラ」を通らなければなりません。

どうしてもその橋を一人で渡ることができない僕は、下の海を覗いてみました。大潮の干潮だったのか、海の水があまりありません。「これなら、頭の上にカバンを乗せて、海の中を歩いて渡れる」と、胸まで濡れはしましたが、橋を渡らずに無事にお家に帰ることができました。

保育所から抱えていた不安を乗り越えて、ルンルンで帰って来た僕に、「なんで濡れているか?」と祖母。橋の下の海を泳いで帰ってきたと伝えると、竹ぼうきを地面にたたきつけ、「溺れて死んだらどうするか」と、血相をかえて怒り狂っています。

そのとき僕は五歳にして、「幽霊より人間の方が怖い」と学んだのでした。

僕が野球を始めてから野球中継を観るようになり、八十歳を超えて野球のルールを覚えた祖母。たくさんいる孫の誰かがお家に来るときには、赤飯とそれぞれの大好物を作って待っていた祖母。いつもばあちゃんのお家の布団がふかふかなわけは、普段使わない押し入れの中の寝具を、僕たちの帰省に合わせてたっぷり太陽干ししてくれているからです。暦に書き込まれた大きな赤いハナマルは、地域の行事ではなく、孫が遊びに来る日。

そんな干立のばあちゃんのお祝いに、ばあちゃんのためだけに歌を作って、お祝いの余興のときに贈りたいと、「おばあちゃんの唄」が生まれました。

「無いと泣くな。あると笑うな」
「無いものねだりより、あるものに感謝しなさい」
そう教えてくれた干立のばあちゃん。
天国から、この本の出版を誰よりも喜んでくれていると思います。

# 恵勇《けいゆー》オジィ

西表《いりおもて》島の南西に位置する「ウダラ」は、昔の網取《あみとり》の人が田んぼを作っていた場所で、昔は村があった「崎山《さきやま》」や「鹿川《かのかわ》」への山道《やまみち》の起点でもあります。もちろん陸路は無く、船浮からだと現代《いま》の速い船でも二十分ほどかかります。

そんな人里離れたウダラに、「西表のターザン」と呼ばれた恵勇《けいゆー》オジィは、一人で暮らしていました。

そこは、電気も水道もガスも無い、まさにジャングルのど真ん中。タバコ、酒、マッチと調味料以外は自給自足で賄《まかな》い、そのタバコや酒も、山から獲ってきたイノシシや、価値のある木などと物々交換で調達していました。（国有林に指定されている西表島の山での、植物、木材の採取は禁止されています）

宮古なまりと、いつも笑顔の恵勇オジィは、誰からも愛される人気者でした。島に身寄りのない、恵勇オジィの面倒を見ていたのが父です。困ったときや、何かが必要になったときは、

「ヨネゾー」とウダラから山を越え、船浮まで歩いて来ていました。ふなうき荘の円卓で酒を飲み、ご機嫌な恵勇オジィは僕を見ると、「卓は強いよ。あんなに小さい体で、クイラの上に歩いて行ったの、覚えているか？」と、毎回この話から始まります。

それは、僕が小学一年生のとき。父と恵勇オジィと泊まりがけで大ウナギを釣りに行ったときのこと。片道五時間の山道を歩き、山奥に一泊してウナギを釣り、また五時間かけて帰って来ました。何時間も父のあとを追って、平気で歩く幼い僕の印象が、よほど強かったのでしょう。中学生になっても、ずっとその話から会話は始まりました。

ハブに咬まれた手がパンパンに腫《は》れた恵勇オジィ。ヤシガニで食あたりになり全身にブツブツができた恵勇オジィ。桟橋からドラム缶と一緒に落ちて頭から血を流す恵勇オジィ。恵勇オジィの経験を通して、やっちゃいけないこと、危ないことを、僕は覚えていったように思います。

恵勇オジィは、自分を訪ねてウダラまで来る人と、話をするのが大好きでした。酒を飲みながら「僕はまた友達が増えた」とほほ笑む恵勇オジィの話は、こっちからそろそろと切り出さない限り、延々と続きます。

そして必ず言う言葉が、別れ際の「またね」です。

現代社会と人に疲れて、一人の生活を選んだはずですが、ずっと誰にも会わない一人の生活を続けていると、やはり人が恋しくなるのでしょう。

「人は、一人では生きていけない」

恵勇オジィが、自分の人生と、孤独、淋しさと引き換えに教えてくれたことを、僕たちはしっかり受けとめ、他人《たにん》の存在を大切にしていかなければなりません。

## ミニバスケ

僕が小学生のころは、村の人口も船浮《ふなうき》小中学校も、今よりは少し賑やかでした。僕の一つ上の学年は特別多く、一学年で七名いたこともありました。都会では笑えるような数字かもしれませんが、船浮では逆に多すぎて、驚くほどの人数です。

船浮のような小規模校では、小学校は一・二年学級、三・四年学級、五・六年学級の複式学級となります。算数など順番がある科目は、一つの教室でそれぞれの学年に別れ、別々の授業をするのですが、音楽や体育、道徳や理科などは、学年に関係なくクラス全員で行います。「はい、四年生は答えないで下さいね。三年生に問題です」と、理解力は先生がカバーしてみんなで楽しく授業を受けてきたので、学年はずっと一人でも「一人ぼっち」と感じたことは一度もありませんでした。

僕が小学校五年生のとき、五年生僕一人に、六年生は男子三人、女子一人の五・六年学級。ちょうど五人いるということで、ミニバスケットチームができました。監督は「トシ子先生」です。

そのころ船浮小中学校に体育館がなかったため、グラウンドに中学生用の移動式ゴールポストを設置して練習していました。グラウンドの芝生の上でのドリブルは、手首の力を要し、リズムが狂うとうまく弾みません。イレギュラーする凸凹《でこぼこ》グラウンドにずいぶん鍛えられましたが、やはりドリブルではうまくボールを運べないので、素早くパスを回すバスケットが定着していきました。

実践練習は、トシ子先生を入れての3オン3。フルコートで試合をするときは、中学生や先生方が相手です。負けず嫌いの僕たちは、相手が大人であっても、どんどん練習量を増やし、何度も挑みました。

待ちに待った、大会の日。船浮小ミニバスケットチームは、男子四人と女子一人なので、混成の部での出場です。その前に、体育館がない船浮小学校の児童は、当然、体育館シューズやバッシュを持っていません。一番きれいな靴を履いていき、体育館前の水道で、靴の裏をきれいに洗ってから、大会会場の体育館に入ります。

「おい、船浮の人見てみ。靴持ってないから外で洗ってるよ。しかも五人しかいないってよ」と、試合前は他の学校からバカにされていましたが、試合が始まると一転。芝生の上で、大人を相手に、中学生用のゴールポストで練習してきた僕たちが、強くないわけがありません。あれよあれよと圧倒的なスコアで勝ち続け、見事「優勝」。八重山《やえやま》郡の大会でも、石垣《いしがき》島の大きな学校に敗れるまで、たった五人の船浮小ミニバスケットチームは快進撃を続けました。

三年後、中学生になった僕たちは音楽室に卓球台を二つ並べ、卓球に励んでいました。人数と体育館の問題で、部活は格闘技か卓球くらいしかなかったのです。

音楽室に卓球台を置くとスペースが狭くなり、後ろに下《さ》がることができないため、自然と前に出る攻撃型スタイルになります。お互いが前に出ているので、基礎練習から間合いの短い高速の打ち合いとなり、上達も早かったように思います。

卓球の団体戦は六名一チームで、シングル、シングル、ダブルス、シングル、シングルの五回戦で試合が行われ、三勝したチームが勝ち。部員四名の船浮中学校は、後ろのシングル枠二つが不在で不戦敗となるため、誰か一人でも負けるとその時点で勝負が決まってしまいます。それでも中体連では、石垣島の大きな中学校に勝ち続け、準優勝を果たし、優勝した名蔵《なぐら》中学校と八重山代表として県大会に出場しました。

調子に乗って出かけた県大会では、コテンパンにやられ帰ってきましたが、「やればできる。そして、上には上がいる」と、大切なことをまた卓球から学んだのでした。

活躍した離島のチームが、「ハンディを乗り越えて」と、よく新聞等《など》に掲載されていますが、そのハンディと言われている環境にこそ、強さの秘密が隠されているような気がします。

# 夢は甲子園

僕が野球少年に育った理由は、間違いなく両親の野球好きの影響です。特に母は大の巨人ファンで、学生時代はラジオの野球中継を聞いてスコアブックを付けていたというほど。僕の名前の由来も、生まれた年（昭和五十四年）に巨人に入団した江川卓《えがわすぐる》さんから取ったそうです。もし翌年なら、ドラフト一位は原《はら》さんなので「辰徳《たつのり》」。桑田《くわた》さんの年なら「真澄《ますみ》」と命名されていたことでしょう。

幼いころのおもちゃも野球もので、小学校の入学祝いにプレゼントしてもらったのも野球のグローブ。そのグローブでのキャッチボール相手は、低学年のときは母が、大きくなるにつれ父が務めてくれました。

そんな野球少年の夢と言えば、「甲子園」。

もの心ついた幼稚園のころから、沖縄県の代表校は、ほとんど沖縄水産《おきなわすいさん》高校でした。出場した甲子園でも強かった沖水《おきすい》。僕が小学一年生のときは、夏の甲子園でベスト8。小学三年生のときはベスト4。小学五、六年生のときは二年連続準優勝を果たしています。甲子園に行きたいなら「沖水」というのは、野球少年のみならず、当時の沖縄では常識だったように思います。

憧れの甲子園に、初めて高校野球を観に行ったのは、小学校五年生のときでした。

毎年春は、家族旅行をしていた池田家。つくば科学万博、東京ディズニーランド、瀬戸大橋など、その年話題になった場所へ行ったり、北は北海道、南は福岡まで、幼いころからいろんなところに連れて行ってもらいました。しかし、姉が中学生になり反抗期を迎えたため、家族旅行は終了。

そのタイミングで、僕のちびっこ一人旅が始まります。といっても、行き先は毎回、迎えてくれる身内がいる大阪。大阪には父の兄弟が数名いて、住吉区《すみよし》に住む勝男《かつお》おじちゃんの家に、長期間お世話になっていました。

「甲子園に連れて行って欲しいと米蔵《よねぞう》に頼まれてるから、明日行こうな」と、迎えに来てくれた車の中で、にっこり微笑む関西弁のおじちゃんは、何でも願いを叶えてくれる神さまのように見えました。

初めての甲子園。とにかく広く、感じたこともない熱気に包まれていました。テレビと違い実況がない野球を観ている違和感と、内野のボール回しの球の速さに驚いたことを、従兄弟にバレないようにするのが精いっぱいでした。

従兄弟の稔英《としひで》は、同い年で野球をしていて、夢は同じ「甲子園」。意気投合した稔英とのキャッチボールも楽しみの一つで、毎年春・夏の甲子園の時期に合わせて、何度も大阪に通いました。

小学六年生の夏は、沖水の試合が毎試合朝の一試合目だったので、眠たい目をこすりながら、朝早くから電車を乗り継ぎ甲子園へ。沖水の快進撃は続き、大阪から西表に帰る日も「沖水が負けるまで」と、両親とおじちゃんにお願いして何度も延長。あれよあれよと勝ち続け、結局最終日の決勝まで駒を進めました。

迎えた決勝戦の日、相手は大阪桐蔭《おおさかとういん》高校です。甲子園に着いたころには、アルプススタンドも内野席もすでに満席。外野席も残りわずかとのことでした。ここで、稔英とケンカが始まります。稔英が応援する大阪桐蔭のレフト側か、僕が応援する沖縄水産のライト側のどちら側に座るかです。毎回、僕たち子どもの引率を引き受けてくれていた従兄弟のお姉ちゃんが、「卓《すぐる》は沖縄からわざわざ来てるし、あんたも沖縄の血が入ってるんやから」と、手ごわい稔英を説得してくれ、勝ち取ったライトスタンド。もう僕の中では、優勝したようなものです。

一対〇の投手戦だった昨年の決勝戦と打って変わって、この年は乱打戦。大阪桐蔭のバッターが放ったホームランボールが目の前に飛んできたことを、鮮明に覚えています。

この年も、優勝には手が届きませんでしたが、僕の「沖水」への憧れは、揺るぎないものになっていました。

沖水の試合を一回戦から決勝戦まで、思う存分甲子園を満喫して、大阪での長い夏休みも終わり、帰りの伊丹《いたみ》空港。沖縄へ向かう飛行機に乗り込むそのときでした。水色の制服を着た、体の大きな軍団が目の前を歩いています。つい先日まで甲子園で活躍していた、あの沖縄水産の選手たちです。あれだけ応援していた憧れの選手たちと、同じ飛行機に乗ることができる少年の気持ち。想像がつくかと思います。

沖縄へ向かう上空で、特別な機内アナウンスが流れました。

「沖縄水産高校野球部のみなさん、感動をありがとうございました」

ざわついた機内には、これまで島の少年が聞いたことのない、大きな拍手と指笛が鳴り響いていました。

「沖水に行って、甲子園に行って、にーにーたちみたいになりたい」

島の少年は、心に誓うのでした。

## 船浦《ふなうら》中転校事件

子どもが少ない船浮《ふなうき》では、さまざまなスポーツに、少人数でもできる独自のルールがありました。

おもちゃ屋さんに置いてある柔らかいゴムボールでの野球、通称「ぷーかー野球」は2対2で行い、二塁ベースの省略された三角ベース。ランナーは透明人間で、なかなかアウトにならないので、木にかかったボールを地面に落ちる前にキャッチするとアウト。もちろん登って取ってもアウト。海に落ちたボールは、奥に石を投げた波でこっち側に引き寄せて取る。野球をしている時間よりも、ボールを探したり、引き寄せたりする時間の方が長い日もありました。

サッカーも2対2や3対3。キーパー兼フォワードで、遊び方はもはやサッカーのスコアではない「10点勝負」で楽しんでいました。小学五年生で夢中になったミニバスケットも、基本の練習は1オン1の抜き勝負。いろんなスポーツを、その日の人数に応じて工夫して楽しんでいました。

他のスポーツに夢中になってでも、どんなに遊んだあとでも、高校野球を意識した壁との野球の練習は毎日欠かさず行《おこな》っていました。僕には「甲子園」という夢があるからです。

中学生になってから休みの日は、船浦《ふなうら》中学校の野球部の練習に参加していたので、「試合に出たい」という思いも一段と強くなっていきました。

大会に出場するためには、船浦中学校に在籍していることが絶対条件です。そこで、中学二年の年末、とんでもないことを両親にお願いしようと決意します。

「船浮中学校から、船浦中学校への転校」です。もちろん思いつきではありません。野球の練習に参加した初日から考えていたことでした。

でも、船浮中学校に僕の同級生はいないので、転校すれば二年生が不在となり、先生が二人も減ってしまいます。何より父は、船浮の学校存続のために、これまでいろいろ働きかけてきた中心人物です。その息子を、船浮から外に出すことは考えられません。

それでも後悔するよりはと、三学期の二月に行われる新人戦の大会のときだけ転校して、終わり次第すぐ船浮に戻ってくることを条件に、怒られる覚悟でお願いしてみました。

「お父さんお母さんだけでは決められないこともあるから、ちょっと相談してみる」と、意外に前向きな返事をもらいました。僕はそれだけで満足でした。村の事情だけなら、「できない」の返事で終わっていたはずですが、僕の思いを少しでも汲んでくれたからこその返事だったからです。

やはり、船浮から区域外の船浦中学校に通うのは難しいようです。また、干立《ほしたて》の祖母の家は、西表《いりおもて》中学校の区域。僕が転校するには、船浦中学校の区域である上原《うえはら》地区に住所を移し住むしかないとのこと。

それから数日たち、半ばあきらめていましたが、母から「大丈夫。転校できるよ」と、嬉しい返事を貰いました。

上原の知り合い宅に住所を移し、干立の祖母宅から自転車で通いました。干立から船浦中学校までは十キロ以上離れていますが、自転車で一時間の通学も、苦手な早起きも、同級生が十三人もいて、放課後はみんなで野球ができる楽しさには代えられません。

船浦中学校は、何もかも新鮮で楽しいことばかりです。日直は交代制、掃除も当番制、憧れの席替えに、授業中の居眠りまで、僕は西表のジャンボ校を満喫しました。

大会のときは船浦中、終わったら船浮中という学校生活を二回繰り返し、船浦中で部活を引退したあとも、高校野球をしたいとの理由で、後輩たちに交《ま》じって練習を続けました。

その間、両親からは、「船浦中は楽しいか？　何の問題もないからよ」と何度も言われ続けていたので、何不自由なく楽しい中学生活を送っていました。

結局、船浦中学校で卒業を迎え、野球推薦で高校・大学へと進み、迎えた成人式の日。船浮の公民館で、島の人たちと初めてお酒を酌み交わすことになります。そこで知った真実。

島のおじさんから、「お前が、船浮を出て船浦中に通うことが、どんなにたいへんなことだったかわかるか？　トシ子先生は、学校や教育委員会から何度も呼び出され、『模範を示すべき教員が、区域外の学校に子どもを通わせて、こうやってルールや秩序を乱したら、他の子どもたちも行きたい学校に行きだす。あなたは先生辞めた方がいい』とまで言われていたけど、それでもトシ子先生は『先生である前にあの子の母だから、卓《すぐる》の応援したい』と頑張っていたんだよ。米蔵さんは、島の人からぼろくそに言われ、それでもお前を船浦に通わせて、野球をやらせていたんだよ」と、両親が相当苦労していたことを教えてもらいました。

「学校は楽しいか？　何の問題もないからよ」

たびたび確認のように言い聞かせていたのは、もしかしたら周りの大人からいろいろ聞いて不安に思っているかもしれない僕を、安心させるための言葉だったのです。

「船浦中転校事件」

この一件が、両親への思いを一段と深くしたのは、言うまでもありません。

# 十五の春

「ダメ」「なんでこんなことしてるか?」

小学生のころ、怒られない日がないくらいしたたかに怒られ、うちの母が世界で一番厳しく、怖い人だと思っていました。

部屋の掃除ができていないと、遊ぶのも泳ぎに行くのもダメ。他の子はいつでも食べているお菓子も、決まった日の決まった時間に決まった分だけ。炭酸飲料やインスタントラーメンは、美味しいけど食べてはいけないものだと信じ込まされていたほどです。

サンタさんから届いた念願のファミコンは、三十分という時間を守れなかった理由で、二日目に永遠の没収。「光《ひかる》GENJI」の真似をしようと買ってもらったローラースケートも、船《ふな》浮《うき》の砂利道では機能せず、唯一のアスファルトである桟橋で滑っていると、「このまま海に落ちたらどうなると思っているか」と大声で怒られ、没収。寝る時間の「九時」を逆算して、いろんなことを終わらせていないと、「今の時間まで何していたか?」と、何かと一日中怒られていました。

高学年になると、洗濯物や食器洗いは当番制となり、民宿の食堂のモップ掛けは汚れたタイミングで行うよう、いつの間にか僕の仕事になっていました。そして、汚れたのと同じタイミングでなんでやっていないかと怒られ、言い返そうものなら、「誰にモノ言ってるか？」と怒られる。とにかく母は、鬼のような人でした。

ところが、中学に入学したのを機に、一変。

「もう中学生だから、自分のことは自分で考えて、自分で決めてやりなさい。お父さんとお母さんは卓《すぐる》の決めたことを、応援するからよ」と。

病気になり、余命を告げられたかと疑うくらい、優しくなりました。その言葉通り、中学の三年間で怒られたことは、たったの一度もありません。

島に高校が無い離島の子どもたちは、十五の春に親元を離れ、中学卒業と同時に独り立ちしなければなりません。

親からすれば、十五歳の春までに、子育てを完了しておかないといけないのです。

何でも言うことを聞ける小学生のときに、徹底的に基本を叩きこみ、周りに流されやすいだけで、善《よ》し悪《あ》しの区別がちゃんとできる中学生には、自分で判断させて、しっかり見守る。

身の回りのことが自分でできるように、時間や約束を守れるように、言われなくても気付くことができるように、そして自分で考えて自分で決めて実行できるように。

いま考えると、どう育ったかは別として、完璧な子育てをしてもらったように思います。

高校進学のため島を離れ、数ヶ月。ホームシックを乗り越えた島の子たちは、どんなに遅くても、十六歳にはもう両親や故郷に心から感謝しているのです。

田舎者だと笑われないために、徹底して礼儀やマナーを教え込む。せめて人様に迷惑をかけるなと、島から送り出す。

結果、島の子が一番基本ができていて、みんなから好かれる子に育っているように思います。

# サボること

早々と推薦枠で、憧れの沖縄水産《おきなわすいさん》高校への入学が決まり、黒潮寮《くろしおりょう》にも入ることができました。黒潮寮とは、沖縄水産高校に通う離島や県外出身の生徒のための寮なのですが、実質、野球部の寮となっていました。六人部屋×十四部屋で定員八十四名。部員百五十名余いる沖水野球部の全員は寮に入ることができません。もちろん離島出身だったという理由ですが、一年生から寮に入ることを、まるで自分は選ばれた選手かのようにウキウキ気分で入寮しました。

子どものころから中学までずっと長髪だった僕は、丸坊主に抵抗があり、「伝統ある野球部でも、実力を知れば特例で少しくらいの長髪は許されるはず」と思っていました。まさに「井の中の蛙、大海を知らず」です。

僕の部屋は二階の四号室、通称二《に》の四《よん》。部屋に入《はい》ると間髪入れず、「おい、死なすよ。髪切ってこい」相部屋の先輩からの、記念すべき一言目《ひとことめ》です。町じゅうを走り回り、やっと見つけた床屋さんで丸坊主にしてもらい、僕の高校野球がスタートしました。

あの当時の沖水野球部は、先輩後輩の上下関係、練習、寮生活とも噂以上に厳しく、最初の一年で四十人以上の同期生が辞めていきました。

野球部の一日を、書ける範囲で紹介します。

朝は六時前に起き、六時からグラウンドで朝練。七時に寮のラジオ体操、朝食と寮の清掃を済ませ、八時に登校。九時までの一時間は、体育館裏で先輩からのミーティングがあります。九時から午前三時限は必修科目を受け、昼食を流し込み、昼休みは部活の準備。総合学科のスポーツ生涯科だったので、午後の三時限は授業で野球をします。四時ごろ、一旦ホームルームに出席して、ここから部活のスタート。日が暮れるまで続く練習の後は、丹念にグランド整備が行われます。その間に投手陣は、砂の入った重たいトレーニングウェアを背負い、走り込みをすることもありました。

八時ごろ寮に戻り夕食。九時の点呼が終われば、寮の清掃をして、再びトレーニング室へ向かい、一時間ほどの筋力トレーニングで一日の練習は終わりです。ただ、野球部の一日は、まだまだ終わりません。

限られた時間でサッとシャワーを浴び、十一時に寝たふりをして各部屋で点呼を受けると、先輩のマッサージへ。僕は二人を担当していたので、マッサージが終わるのは日付が変わった夜中の一時前後でした。それから、割り当てられた先輩二人と自分のユニフォーム、制服などの私服を含めた三人分の洗濯が待っています。泥だらけになったユニフォームをたわしで真っ白になるまでこすり、その当時寮に三台しかなかった洗濯機へ。みんな同じようなスケジュールなので、洗濯機は当然込み合います。洗濯機の前には、洗濯ものが山積みになった順番待ちのカゴが、ところ狭しと並んでいました。次の次の次。こうなると洗濯が終わるのが三時を過ぎるので、コインランドリーに走ります。未成年の深夜徘徊で警察に捕まるとたいへんなことになるので、パトカーを見つけるとこれまで走ったことのない速さで学校の敷地に逃げ込んだことも、今となればいい思い出です。

ここで不思議なのが、洗濯機の順番待ちをしている間、少しでも仮眠を取ればと思うのですが、再びグラウンドに行き、「よな練《れん》」と呼ばれた夜中の練習をするのです。よな練の楽しみは、部室からこっそり持ち出した、三年生しか使えない試合用のバットでトスバッティングをすることでした。

練習や寮生活もたいへんだけど、沖水でレギュラーを勝ち取り、試合に出ることがそれ以上にたいへんなことだと、誰もが感じていたのです。

そんな厳しい日常でも、夜練から消灯までに、二十分ほど時間が空くことがありました。つかの間の自由時間には、みんなテレホンカードを握りしめ電話ボックスへ走ります。黒潮寮にも、一台の公衆電話がありましたが、もちろんそれは三年生のみが使えるもの。もし、かかってきた場合は「かけ直します」と言って、すぐ切ることが決まりでした。たどり着いた公衆電話にも、洗濯機と同じように、同僚が列をなしています。みんな、両親へ電話をしているのです。

肉体的にも精神的にも極限に追い込まれ、張り詰めていた十六歳の少年の心は、親の声を聴いた瞬間、簡単に崩れ落ちるものです。両親からの「頑張れ」に涙を流し、ただただうなずく者。人目をはばからず嗚咽《おえつ》する者。後ろに並ぶ同級生は笑ってからかっていますが、自分の番が回ってくると、同じく号泣。今度は、からかわれる番です。

公衆電話は、少ない時間でみんなが使えるように、「一人五分」とルールがありました。並んでいる人数と残された時間で、無理だと判断すると別の公衆電話まで走ります。

こうして回ってきた僕の番。しかし、今と同じように池田家は、集まりがあったり釣りに行ったりと留守がちで、ほぼ電話に出ません。携帯電話が無い時代です。それを数日繰り返し、やっと実家へつながった電話。

「はーいすぐるぅ、ちょっと待ってよ。お母さんは今、油鍋《あぶらなべ》に火をつけてるから『りょう』に代わるねぇ」と置かれた受話器。りょうとは、小学生から僕の愛犬だった、池田家が飼っている犬です。「わんわん、わんわん……」しばらくして、受話器を取った母は、「りょうは、なんて言ってた?」と、のんきな質問。

現状をそのまま話したら、今すぐ辞めて帰って来なさいと言わるだろうし、心配をかけるだけだからと、「友達もいっぱいできてよ、試合でも投げたよ」と、野球ができる喜びを報告。あっという間の五分が過ぎ、電話を切る直前、それまで聞き手に回っていた母が一言だけ言いました。

「卓、サボることも大切だからね」

ん？　サボりなさい？　頑張りなさいではなく、おかしなことを言うなと思いはしましたが、母の言葉ですーっと気持ちが楽になりました。よしっ、お母さんが言ってるのだから、駄目だと思ったときはサボろう。それから練習中や寮での生活で幾度となく、「サボるのは今だ」と思うことはありましたが、サボるならもう少し頑張ってサボろう。もう少し頑張ってサボろうと繰り返しているうちに、あっという間に高校野球の三年間が終わりました。

いつもサボっている人には言えない言葉です。目の届かない離れたところにいても、「この子は絶対に頑張っている」という確信があるからこそかけられる言葉だし、「もしかしたら、頑張りすぎているかもしれない」と思ったから、かけた言葉だと思うのです。遠く離れていても、ずっと信頼されていたこと。感謝しかありません。

一年時の夏、二年時の春、と沖縄水産高校は甲子園に出場しましたが、下級生のときはメンバー入りを果たせず応援での出場。メンバーに選ばれた三年時は、九州大会もベスト8、最後の夏の大会も決勝戦で涙をのみ、あと一歩のところで甲子園の切符を勝ち取ることはできませんでした。

「これだけ頑張っても夢は叶えられないんだ。それなら、もっともっと頑張らなければ」

夢破れ、十八歳の夏に学んだことです。

ただ、あのころ卓少年が憧れた「真っ黒に日焼けして、鋭い眼差しで白球を追う『沖水』のユニフォームを着たにーにー」にはなれたので、半分は夢を叶えたのかな。

沖水野球部、背番号「10」。今でも僕の誇りです。

## 歌手になりたい

高校三年生の夏、県予選の決勝で甲子園の夢破れ、僕の高校野球は終わりました。心にポカリと空いた穴を埋めきれないまま、高校生になって初めての夏休み。つい先日まで夢をかけて戦っていた浦添商業《うらそえしょうぎょう》高校が、甲子園で「浦商旋風《うらしょうせんぷう》」を巻き起こしていましたが、とにかく早く車の免許が欲しくて、応援そっちのけで自動車学校に通っていました。

夏休みも残り一週間となり、少しくらいは西表《いりおもて》島に帰ろうと、久しぶりの里帰り。そのタイミングで、西表島の干立《ほしたて》で開催されていたのが、第二回砂浜芸能祭というお祭りです。干立出身のにーにー、「南ぬ風人《ぱいかじぴとぅ》　まーちゃん」のアーティスト名で活動している「まーちゃん」がCDを出して、地元で音楽祭を始めていたのです。

始まったばかりの祭りで出演者も少なく、小学生のころから三線をしていた僕にも声がかかりました。大阪学院《おおさかがくいん》大学に通っていたまーちゃんは、友達の女子大生をたくさん連れて島に帰って来ていました。「女子大生の前で、ステージに上がって目立ちたい」ただその思いから、二つ返事で引き受けた僕。全ての始まりです。

その年は、盛り上がる砂浜芸能祭のステージで、「殿様節《とのさまぶし》」と「舟浮乙女《ふなうきおとめ》」という船浮の民謡を歌い、高校最後の夏休みの楽しい思い出となりました。

大学でも野球に励みたいと、その当時、沖縄では一番強かった沖縄国際《おきなわこくさい》大学へ推薦を出してもらいました。大学の野球は練習時間が短く、高校時代に比べると、ウォーミングアップのようなものです。しかし、あのときステージに立った感触が、野球熱に少しずつ水を差し始めていました。

プロ野球選手になるには、厳しいところにいるとわかっていましたが、もしかしたら大学で開花するかもしれない。でも、歌手にもなりたい。

揺れる思いを抱えたまま、大学一年時の夏休みも、砂浜芸能祭に合わせて里帰りしました。歌いたかったのです。

次に出演するときは、まーちゃんみたいに自分の歌で砂浜芸能祭のステージに立ちたいと思っていました。やはり、身近な人の影響が一番大きいようです。昔から知っている地元のにーにーであるまーちゃんが歌手になったことで、「僕にもできるかもしれない」と現実味を帯びた夢は膨らむばかり。一歩踏み出すきっかけにもなりました。

その年の砂浜芸能祭のステージで、自作を披露した僕に、一人の女性が声をかけてくれました。

「先ほど歌っていた『島の人よ』という歌の、ＣＤありますか？」

僕の夢が「プロ野球選手」から「歌手」に変わった瞬間です。

沖縄本島に戻った僕は、野球を辞め、沖縄国際大学に退学届を出しに行きました。レベルの高い野球をしたいと選んだ大学だったので、野球以外で大学に通う目的が、あの当時の僕には見つけきれませんでした。

退学届の用紙を貰いに行った進路指導室で、「歌手を目指して大学を辞めて、苦労している人、後悔している人をたくさん見てきたから、私は退学を止めているんだよ。どうしてもと言うなら、とりあえず退学ではなく休学にしてみたらどうかな？」初めて会う見ず知らずの僕を説得しようと、一生懸命な先生がいらっしゃいました。その先生とお会いするのは、あのときが最初で最後だったので、失礼ながらお名前も覚えていませんが、野球を辞めて「沖水の推薦枠を減らした」と、当然ですが、突き放されていた時期だったので、親身に寄り添ってくれたことが、とても嬉しく感じました。

その先生の言う通り、歌手になるのは簡単なことではありませんでした。県外のオーディションに応募しても、全く反応がありません。最終選考会まで残った県内のオーディションでも、グランプリは小学生のもとに。とにかく、音楽の仕事に携わりたいと、ライブハウスにアルバイトを申し込んでも、募集してないと断られてしまいます。

このころは、全く必要とされないことに切なさも感じていましたが、負けん気が強い僕には悔しさの方が強く、「いつか必ず」と、やる気に満ち溢れていました。

ホテルのウェイターや、格闘技バーのホールスタッフ、飲み屋でアルバイトを続けながら、歌や三線の練習に励んでいると、雑誌でその名を知り電話をしていた民謡クラブから嬉しい返事を頂きました。民謡クラブ「なんた浜」の饒辺愛子《よへんあいこ》さんです。「うちは自分たちだけで精いっぱいだからアルバイトはお願いできないけど、ここでもよかったらお金はいらないから、毎日さんぴん茶持ってステージを観においで。一番前の席、あなたにあげるよ」と言ってくれたのです。他にあてもない僕は、藁《わら》にもすがる思いでなんた浜を訪ねました。その後、八重山民謡をやりなさいと貴重なワンステージを任せてくれたり、飛び込みで来たどこの誰かもわからない僕を、愛子さんは息子のように可愛がってくれました。

CDを出すことを半ば諦めかけていた僕に、「俺の自主レーベルからCD出せるからよ」と、手を差し伸べてくれたのは「まーちゃん」でした。

こうして出来上がったのが、8センチCDのシングル「島の人よ」です。僕が二十一歳のときでした。

「旧盆が終わったころＣＤ出来上がるけど、発売日いつにしようか？」と、まーちゃんに聞かれ、発売日を選べることを知った僕は、迷わず十月十日に決めました。

その日は、歌手になるからと自分勝手に大学を辞め、心配をかけ続けている母の誕生日です。

# 超えられないもの

成人した僕に、父が伝えたことがありました。

「都会でしか学べないこともあるからよ。人に迷惑をかけなければ、何やってもいいよ。ただ、保証人には絶対なるな。そして頼むなよ」

島を離れた僕に、父が教えたことは、後にも先にもこれだけです。

都会でしか学べないことをたくさん学んで、将来は島に戻りたい。歌手を目指したときにも、「これしかない。歌手なら島に持って帰れる」と、あのころから船浮《ふなうき》に戻る前提で、ものごとを考えていたように思います。

二十歳前後の僕には、「自分の力で何か一つ成《な》し遂《と》げて帰りたい」という強い思いがありました。島に戻って、好きで海運業や民宿の家業を継いでも、「親の後継ぎなら誰でもできる」と周りから思われることが、とても怖く感じていたからです。

今はもちろん違います。後を継げることは、とてもありがたいことで、誇りです。決して誰にでも成《な》し得《え》ることではなく、そのたいへんさは当事者にしかわからないことも多くあります。身内だからこそ乗り越えていかなければならないこともたくさんあり、これから目指す者として、後継ぎを成し遂げた先輩方を尊敬しています。

ただ、その当時の浅はかな考えも、若い僕には必要だったのかもしれません。「親の力を借りず、自分の力で何か一つ成し遂げたい」との思いも、夢に向かう大きな原動力になっていました。

先輩の力を借りてCDデビューを果たした僕は、あの当時若いアーティストの登竜門だった、那覇・久茂地にあったライブハウス「D-SET」を貸し切り、発売記念ライブを行いました。そのライブには、友達や両親も駆けつけ、大盛況でした。

今のように、ダイレクトメールやSNSが無いあのころは、アンケート用紙にお客さんの住所を記入してもらい、今後のライブ情報がギッシリ書かれたハガキを送って、その後の集客に繋げるという時代でした。

そこで僕も、次のライブでアンケート用紙を配ることにしました。迎えたライブの日、会場は溢れんばかりの人で賑わっています。デビューして二回のライブが、二回とも満席。このままいけば、すぐに大きなホールでライブができるようになると、調子に乗ってライブに挑みましたが、浮かれていたのもライブ終了後まで。大きなホールは幻と消えました。

ライブが終わったあと、お客さんに書いてもらったアンケート用紙に目を通すと、「米蔵《よねぞう》さんにお世話になって」「トシ子先生から連絡がきて」「米蔵の友達の」「トシ子の同級生です」「米蔵さんから電話があって」「トシ子先生の教え子で」「お父さんはお元気でしょうか?」……。会場を埋め尽くした溢れんばかりのお客さんは、全て両親が声をかけて集まってくれた人たちだったのです。

「超えられないものがあるんだな」と、心のなかに清らかな何かがすーと入ってきました。と同時に、「親の力を借りず、自分の力で」といった頑固な思いも、ふわふわ〜とどこかへ消えていき、偉大な両親のもとに生まれたことへの感謝があふれてきました。

ふり返ってみると僕の音楽人生は、故郷や両親だけでなく、ご縁やタイミング、応援して下さるみなさん、仲間や出会いに恵まれたおかげであるようなものです。

その一つにラジオ番組があります。ラジオ沖縄の「池田卓の新島唄紀行」は二〇〇一年から現在も継続中で、十九年目(二〇二〇年現在)に突入しました。沖縄本島にいたときは九十分の生番組だったので、島に帰る決意をしたとき、続けるのは困難だろうと思っていましたが、ディレクターの前川《まえかわ》さんがあれこれ難儀《なんぎ》をすることで、継続が可能になり現在に至っています。こうして南の島で、のほほんと暮らしながら音楽活動が続けられているのも、毎週ラジオで発信することができているからにほかなりません。

最初からずっといろいろな人に支えられて成り立ち、続けてこれている僕の音楽活動。だから、感謝を忘れた瞬間、終わるようにできていると思っています。

いつまでも歌っていけるように、感謝を忘れず、歩んでいきます。

# 船浮音祭《ふなうきおとまつ》り

離島には、美術館や博物館も無ければ、ライブハウスや劇場、映画館もありません。お金を払って芸能や芸術にふれあいたくても、ここではやっていないのです。

僕が小学二年生のとき、東京からトロンボーン奏者とタップダンサーの方が船浮《ふなうき》小中学校に来てくれました。トロンボーンとタップダンスが何かもわからないまま、とにかくその日を楽しみに指折り数えて待っていた僕たち。ミニ演奏会当日、音楽室に響きわたるトロンボーンの音の大きさに最初は驚きましたが、二人のパフォーマンスを最後まで食い入るように観ていました。終了後はみんなで港まで見送りに。そのとき二人と一緒に移した写真は、当時の大切な宝ものでした。

同じころ、月《つき》が浜《はま》に「有名な歌手が来るらしい」と島じゅうが、大騒ぎした夏がありました。その日をまだかまだかと待ち焦がれていたにもかかわらず、ライブゲストの方にはとても失礼な話なのですが、ステージそっちのけで、友達と砂浜を駆けまわり遊んでいました。それでもその日は、ライブを楽しんでいた大人たちにとっても、遊びに夢中になっていた子どもたちにとっても、思い出に残る特別な一日でした。

こうして離島では、誰かが届けてくれる特別な日が、何よりの楽しみなのです。

「島に、そんな一日を届けたい」

音楽祭への思いが芽生えたのは、デビューして間もなく、二十代前半でした。

しかし、イベントを開催するノウハウもなければ、現地に必要な機材も無い。まして、祭り開催にかかる莫大なお金など、これっぽっちもありませんでした。ちょうどそのころはアルバイトを辞めて、「音楽一本で生きていく」と決意したその日暮らしのミュージシャン。

そもそも、遠い南の果ての船浮まで、ライブを観に来てくれるのだろうか？　開催に向けて一歩踏み出せば課題が、また一歩踏み出せば課題と不安がどこからともなく現れ、あれよあれよと数年が経ってしまいました。

そんなとき、「鹿児島《かごしま》港と桜島《さくらじま》をフェリーがピストン運航」週刊誌に長渕剛《ながぶちつよし》さんの、桜島でのライブの記事が掲載されていました。

ふと、船浮と白浜《しらはま》を行きかう、満員の定期船を想像してみました。

船浮音祭りの開催を決意した瞬間です。

僕のライブだけでなく、これまで出会ったお友達のミュージシャンを、毎年一組ゲストとして船浮に来てもらい、レベルの高いプロの舞台を実現できたら、みんな船浮まで来てくれるかもしれない。

たくさんの人に助けてもらい、思いが形となったのが二〇〇七年、僕が二十七歳のときでした。一回目の音楽祭は、船浮のみなさんになるべく負担をかけないように、節祭《シチイ》の舞台やテントなど会場設営をそのまま残してもらい、その週の日曜日に開催しました。

十一月の悪天候での開催となりましたが、船浮まで三百名余りの方がお越しくださり、「船浮音祭り」がスタートしました。おかげさまで、これまで事故や大きなトラブルもなく、たくさんの方に応援して頂き、十三回（二〇一九年現在）も続けてこれました。

これまで開催してきた中で、何度もお声を頂いたのが、ゴールデンウィークに開催して欲しいというご提案です。それなら行けるという方が、たくさんいらっしゃるのです。

もちろん、一人でも多くの方に来て頂きたい気持ちは山々です。そうなると、毎年頭を抱える予算の問題も軽減されます。しかし、たいへん申し訳ないのですが、その日程が譲れないところなのです。

これまで音楽活動をしてきて、たくさんの離島に呼んで頂きました。どの島も、ハイシーズンではなく、閑散期にどうにかして島に来てもらおうとイベントを企画、試行錯誤しながら祭りを開催していたのです。

北風が吹き始め、欠航率が高くなるほんの少し前に行われる「伊平屋《いへや》ムーンライトマラソン」。クジラのシーズンが終わるころ、座間味《ざまみ》島では「くじらの音楽祭」。うりずんの一番いい時期に来てもらおうと、その時期に咲く百合を植えて開催している「伊江《いえ》島ゆり祭り」。

ここ西表《いりおもて》島も、四月は暑くもなく、寒くもなく、一年で一番過ごしやすいうりずんの季節ですが、年度初めとゴールデンウィーク前ということもあって、閑散期にあたります。生意気ではありますが、閑散期の島の観光に、少しでも貢献できたらとの思いもあります。

しかし、ほんとうに譲れない理由は、新しく赴任して来られた先生方と地域住人が、いち早く交流できる場となって欲しいとの思いからです。

一年で入れ替わる、若い先生が多い船浮小中学校。新任の先生方も、即戦力として地域行事に参加してもらわなければ、青年が少ない船浮では、祭りも行事も成り立ちません。そんな小さな集落ですが、新しい先生方と地域住民が顔を合わせる機会は限られていました。四月の歓迎会が終われば、次の行事は豊年祭。その後は長い夏休みに入り、運動会、節祭と行事が続きます。これまでは、そのころやっと溶け合っていたような気がしますが、もう年末。北風が吹き始める冬の天気で、一年も残りわずかです。

新しい環境に、新しい職場、新任の先生方には、何かとたいへんな四月だと思いますが、歓迎会、音祭りの話し合い、本番、反省会と地域のみなさんと交流する機会を多く設けることで、早い時期に船浮に溶け込み、充実した一年を過ごしてもらいたい。そして、ゴールデンウィークはゆっくり里帰りして、リフレッシュしてきて欲しい。音楽祭を開催した初年度から、変わらない思いです。

当初は第三日曜日でしたが、石垣《いしがき》島のトライアスロンと度々日程が重なるため、四月の「第三土曜日」に変更しました。みんなの協力がないと成り立たない小さな島々で、イベントの同日開催はなるべく避けたいからです。

伝統的な祭りと違い、島の老若男女が同じ目線で、同じ立場で知恵を出し合い、あれこれやってみながら作り上げていけることは、新しい祭りの魅力であり、醍醐味でもあります。

「なかなか行けないけど、いつか必ず行きたい」

そう思って下さる方がいつか来て頂いたときにも、賑やかに開催しているように。

船浮のみなさんと力を合わせて、継続していきたいと思っています。

## 全ては与えられている

第一回の船浮音祭り《ふなうきおとまつ》開催にあたり、「紙一枚でも企画書がないと、協力してくれる企業さんも、告知をお願いされる側も困るよ」と、ご指摘を頂きました。いつどこで、誰が出演して、問い合わせ先はどこで、どういう思いでこの祭りを立ち上げるのか？　確かにそうだと、自分なりの企画書を制作し、趣意をまとめてみました。

・娯楽やプロのミュージシャンの演奏を聴く機会が少ない島の人達に、一流の音楽を楽しんで欲しい。
・船浮を訪れた事のない西表島や周辺離島の皆様が、船浮に来るきっかけになれば。
・島の元気の源である子どもたちに、さらに元気と夢を与えたい。
・船浮住民や青年会の結束を深める機会になり、船浮の更なる活性と繁栄に繋がれば。
・毎年四月の第三日曜日に開催し、新任の学校職員と地域住民の交流の場になれば。（現

在は四月の第三土曜日）
・船浮の素晴らしさと、今後を考えるきっかけになれば。
・今以上の、島への誇りと感謝を抱くきっかけになれば。
・恒例イベント（毎年ゲストプロミュージシャン一組招待）に定着させ、島の新たな観光資源になれば。
・船浮（八重山・西表島）への観光客誘致。

※第一回船浮音祭り企画書より抜粋

その当時は、とにかくいろんなことを島に届けたい、自分が届けるんだ、そして届けてるんだという思いがあり、それが文章にも表れています。

しかし、「与えている」と思っているあいだはなかなか伝わらないものです。心が折れそうなときも、「将来は必ずいい方向に進む」と言い聞かせながら取り組んできた、七年目くらいだったでしょうか。あることに気が付いたのです。

テントをどこに立てるかで島の先輩方同士であーだこーだなっているとき、「卓がここと言ってるからそうしよう」とあっさり決まってしまいました。船浮のみなさんで毎年試行錯誤しながら提供しているバザーのメニューも、今年は無しにしようとしていたものも、「卓が残したいと言ってるから残そう」と。卓が言ってるから、卓がそうしたいみたいだからと、僕の言った通りにみんながやってくれているのです。

船浮の人たちが、音祭りのために休みを返上して文句も言わずに一生懸命頑張ってきたわけは、「島の青年が何かしようとしている。それはみんなで力を貸してやらんといかん」ただ、その思いからだったのです。

僕はずっと、島に「与えている」つもりで取り組んできましたが、実は僕の方が「与えられていた」のです。

冷静に考えてみると、プロの音楽を聴く機会は確かに少ないかもしれませんが、節祭《シチィ》や豊年《ほうねん》祭《さい》では、神さまにだけ届けばいいと歌う「本物の歌」があります。子どもたちは夢や希望に満ちあふれ、いつも笑顔で元気いっぱいです。学校や地域の絆は深く、少ない人数で成し遂げる島の結束力は見事なものです。そして何より、船浮の人は船浮のことが大好きです。

船浮に無いものを届けようと、偉そうに思っていた自分がただ気付いていなかっただけで、ここには音祭りを始める前から、有りあまるほどあったのです。

僕のためにやってもらっている。そのことに気付いてから、祭りがとても「有難い」もの変わりました。

今は「こうしたい、そうなれば」の思いはすっかり消え、こんなにやってもらっているのだから、ステージで楽しまなければ失礼だと、感謝を忘れず楽しむことを最優先にステージに立たせてもらっています。

そこからの祭り運営では、たいへんだと思ったことは一度もありません。こちらが有難いと思って取り組むと、その姿勢がそのまま相手の対応となって返ってくるものです。

「今年は誰が来るの？ 楽しみにしてるからね」と声をかけてくれる島の人たち。知らないところにたくさん張られている、船浮音祭りのポスター。あたりまえのように、朝から晩まで準備に励む船浮の人たち。もうその時点で、やって良かったなと思える音祭り。

祭り当日の船浮湾は、石垣《いしがき》島からの直行便や、たくさんのお客さんを乗せた定期船、音祭り特別送迎船が行き交っています。開催を決意したあのとき、思い描いていた光景です。

ステージで歌っていると、こちらには目もくれず楽しそうに遊んでいる島の子どもたち。あの日の僕と一緒です。

「全ては与えられている」

そのことに気付いたとき、不満が一切なくなり、幸せが降り注ぐように訪れます。

## ひと言の力《ちから》

船浮音祭《ふなうきおとまつ》りが終わると、感謝、安堵感、達成感とともに、程よい体の疲れがなんとも心地良い数日が訪れます。それから二〜三週間は、西表島内《いりおもてとうない》でも石垣島《いしがき》でも、誰かと会うたびに「は〜楽しかったね」「は〜暑かったね」「は〜お疲れさまね」などと、ひと声かけてもらえる嬉しい時期でもあります。

八重山《やえやま》の人がよく使う、会話の頭に付くこの長めの「は〜」は、全ての思いをひと言にまとめた、何とも独特な表現です。「準備から何から何までお疲れさまね。おかげさまでとっても楽しかったよ」が、「は〜楽しかったよ」。「それにしても暑かったね。なおさらたいへんだったでしょう。ほんとうにお疲れ様ね」が、その「は〜」の中にすべて詰まっていて、とっさに最上級の誉め言葉に変わる、不思議なひと言だと僕は捉えています。

嬉しい言葉の中でも、心に残るひと言があります。音祭りが始まって二〜三年のころ。島の人に思いが伝わらず、反省点とクレームばかりの時期でした。

音祭りのあとにイダの浜を訪ねた方が、砂浜だけの写真を撮ってラジオに投稿してくれました。そのきれいな砂浜には、大きな文字で「卓ありがとう」と書かれていたのです。嫌な思いは何もかも吹っ飛び、「よしっ来年も頑張ろう」と思ったのと同時に、言葉の持つ「力」を感じました。

心に届く言葉を、歌にも綴っていかないといけない。ラジオでも会話でも「ひと言の力」をしっかり理解し、伝えていかなければいけないと、改めて気付かせてもらいました。

使っている言葉やとっさのひと言から、その人の性格や考え方がわかるものです。また使っている言葉の通り、顔や体も動くもの。言葉には計り知れない力があります。

そんな言葉の力は、初対面のひと言でも、人の心を動かすことができるようです。

新聞に掲載されていた話ですが、台風が迫り、便の欠航が相次ぐ空港のカウンターで、ストレスを抱えたお客さんに一日中怒鳴られている、地上係員のお姉さん。「もうこんな仕事は辞めたい」と思ったそのとき、お客さんにかけて頂いた、「おつかれさま」のひと言。そのたったひと言で、すべてが報われたそうです。

ふらふら～と入ったお店のおばちゃんに、「またね」と言われ、自殺を踏みとどまった人。良く聞く何気ないひと言かもしれませんが、時には人生を救う大きな言葉になるのです。

しかし、言葉の持つ力は、良いことばかりではありません。何気ないひと言が逆に、人を傷つけてしまったり、人生を悪い方向に変えてしまうこともあります。

良いも悪いも言葉というものは、そのときの状況、心の健康状態、人生経験、受け取るタイミングで、「捉え方」が大きく変わってしまうもの。

どこで、誰に、どのタイミングで、どんなひと言をかけるのか？

どんなことでも、最後は「思いやる心」にたどり着くようです。

# 過去を知る

小学生のころ、恐竜の話で盛り上がって以降、どうも歴史の授業に身が入りませんでした。全くと言っていいほど歴史に興味が湧かず、その必要性もいまいち感じきれていなかったからです。

「大人になったら、歴史を勉強し直す日が、必ずくるよ」

先生のその言葉に、「俺に関しては、絶対にない」と思っていたのに、歴史の本を読みながら、あのときしっかり学んでおけばと反省している僕がいる。ほんとうにわからないものです。

歴史に興味を持ち、きちんと勉強し直さないといけないと思うようになったのには、歴史の重要性を強く感じた、痛すぎる思い出があるからです。

それは三線を片手に訪ねた、チェコとドイツの旅でのことでした。

どこをどう撮っても美しい、レンガ造りのチェコ・プラハの街並みを、ひたすら一眼レフカメラに収めていました。中でも、プラハ城から眺める街並みは見事なものでした。

次に向かったドイツ。近代的な、ガラス張りのビルディングが目立ちます。移動のバスの中で、一緒に同行したカメラ好きのメンバーと、「ドイツは新しい建物ばっかりで、撮りがいがないなぁ」と話していました。

僕が、ヨーロッパやアメリカ、中東やアジアの国々に行くことができたのは、プロデューサーの田村《たむら》さんに出会ったおかげです。田村さんは、ハートと自分の趣味だけでステージを作り上げていく面白い人で、「旅に行くぞ」と、なぜかいつも僕に声をかけてくれました。とにかくいろんなことを知っていて、訪ねる国の歴史や文化も、興味を持った人にだけ、田村流で教えてくれました。

その田村さんが、「撮りがいがないなぁ」と話していた二人の会話を聞いて、「ドイツも世界大戦でやられたからね」と、ひと言。

自分の無知と、哀れな心、軽率な発言を恥じました。

ドイツは沖縄と同じように、戦争で木っ端みじんにやられ、昔の美しい街並みを残したくても残せなかった場所だったのです。

もし逆の立場だったらどうでしょう？

沖縄を訪ねた観光客が、「沖縄残念だな。新しい建物と基地ばっかりで、昔の建物があったかと思えば、復元かよ」と話していたら？

「おい。沖縄で昔何があったかわかるか？　戦争で全部焼かれて、何もかも失って、焼け野原になって。そこから、どんなして今があるかわかるか？」と、激しい剣幕で怒るはずです。

ドイツの歴史を知っていれば、もっと豊かな心があれば、見える景色も、行き交う人々への敬意も変わっていたはずです。

詳しい世界史や日本史を知らなくても、訪ねる場所の歴史くらいは勉強するべきでした。

子どものころ「勉強しなさい」と言われて嫌だったので、使いたくないのですが、子どもたちに嫌われてでも、何度でも伝えようと思っています。

「勉強しなさい。と言うより、知ることはとっても大事だよ」と。

# 本の読み方

「感動とは、感じて動く」相田みつをさんのこの言葉に出会ったとき、長年ＣＭに起用して貰っている「メガネ一番」の創業者である、故・宮里孝《みやざとたかし》さんと食事をさせて頂いたときを思い出しました。

話の流れから宮里さんが、「本の読み方を知っているか？」と、質問されました。なかなか難しい質問で、まともな答えが浮かばない僕に、「素晴らしい本だった。で終わるのではなく、本から学んだことを必ず実践して吸収しなさい」と。

それからはもちろん、「学んだことを実践して身に付ける」を念頭に、本だけではなく、番組や映画から感じたこと、他人から学んだこと、かっこいいなと思ったこと、全て吸収しなければせっかくの感動がもったいないと、励んできたつもりでいました。つもりでいましたと弱気になったのは、ある日の新聞を読んで、また反省したからです。

その新聞記事とは、もう十年以上も前になるかと思いますが、「沿道に置いてあった蘭《らん》の花が盗まれた」という記事でした。毎日の手入れに汗水を流し、やっとつぼみがほころんだ矢先の出来事だったとのこと。僕は「沖縄にも人のものを盗んでいく、心ない人がいるのかねぇ」と怒りや淋しさを覚え、次の記事へと進みました。

数日後、蘭の花が盗まれたお店の記事が、また掲載されていました。今度は、店主が満面の笑みを浮かべた写真付きです。その笑顔のわけは、「先週の記事を読んで、各地からたくさんの蘭の花が届けられ、盗まれる前よりも多くなった」と、いうことでした。

心が温かくなりました。素晴らしい方がたくさんいらっしゃることに、嬉しくなったと同時に、悔しさと情けなさも感じました。

届けた方々は記事を読んで、「悲しいな。せめて一房でも庭にある蘭を届けよう」と、感じたことを行動に移した方々。僕は、感じたままで終わってしまった組だったのです。

情報があふれる今日、必要な情報が正しい情報かどうか「読み取る力」が大切だと聞きます。それだけでは足りません。

その情報から「何を思い、どう感じたか?」そして「自分に何ができるだろうか?」。

意味のある本の読み方、新聞の読み方、ニュースの見かたで、この島は、この国は、もっともっと良くなると思います。

## 一生懸命

子どもたちの前で講演するとき、それぞれの学校からの要望を柱に、いくつかのテーマにわけて話をしていますが、どうしても外せないテーマが「一生懸命」です。

夢がある人も無い人も、とにかく今やるべきことを一生懸命やっていれば、最後に夢を叶えることができると伝えています。正直、無責任な発言だとも思っていますが、間違っていないとも思うのです。

僕の夢は「プロ野球選手」でした。プロ野球選手になるために、一生懸命野球に打ち込んできた学生時代があります。高校生のときは、甲子園という夢に向かって、辛く厳しい練習や競争、寮生活にも必死に耐えました。それでも、甲子園には行けませんでした。あと一勝で甲子園という最後の夏の大会で、夢を絶たれたときの失望感、三年間の努力が報われなかった悔しさは、今でも鮮明に覚えています。

それでも今は、あの三年間にとても感謝しています。夢を叶えることはできませんでしたが、夢に向かって一生懸命頑張った過程で学んだこと、身に付いたこと、培われたものは、「全ての基礎となる大切なこと」ばかりでした。

『基礎体力、声量、度胸、信念、集中力、忍耐力、想像力、判断力、団結力、チームプレー、競争心、友情、感謝、知識、教養、礼儀、状況判断、駆け引き、努力すること、継続すること、道具を大切にすること、信じること、あきらめないこと、できないこと足りないことを補おうとすること……』


僕の夢は、十九歳の時に「プロ野球選手」から「歌手」に変わりました。全く音楽の知識が無く、いまだに楽譜も書けず、野球とは畑違いの厳しい音楽の世界で、夢を叶えられたのも、一生懸命野球に取り組んで、「全ての基礎となる大切なこと」を身に付けたおかげだと思っています。

そして、この「全ての基礎となる大切なこと」は、人生を歩んでいくうえで、どんな仕事をするにも大切なことで、その基礎が身に付いていないと、成功はあり得ないと思っています。確かに、運やタイミングで成功をつかんだ人もいます。それでも、それらの基礎がない限り、その成功も長くは続かないものです。

どんなことに挑戦するにも、どれだけ技術や実力があっても、人として大切なことが身に付いていないといけないということです。逆を言えば、「全ての基礎となる大切なこと」が備わっている人は、「何をやっても成功する」と思うのです。

近年、世の中は恐ろしいスピードで変化しています。悲しいことに、今の小学生が大人になるころには、いまある世の中の半分の仕事が無くなっているというデータもあります。大げさではないと思います。目指していた仕事が、無くなる可能性もあるのです。

また、これからの人生の中で、たくさんの素晴らしい出会いがあり、目標や夢も変わっていくかもしれません。

だからこそ、どっちに転んでもいいように、「全ての基礎となる大切なこと」は身に付けておいて欲しいのです。その身に付け方が、野球に限らず何でもいいから、「一生懸命」最後までやり遂げることなのです。

全てのものごとは、一生懸命やれば楽しくなってくるものです。一生懸命やらないからつまらないのです。

「今やるべきことを、一生懸命やる」

きっと、あなたの一番大きな夢は叶います。

# 健康第二

干立《ほしたて》のばあちゃんは、百一歳まで長生きして天寿を全うしました。

生前「長生きの秘訣はなんですか？」の質問に、「それがわかっていたら、みんなに教えて、みんなで長生きしてるよ」と、笑わせていました。

僕がもの心ついたころには、腰痛と膝痛を患っていた祖母。それでも、「歯医者で入れ歯を作ってもらった以外は、医者にかかったことがない」と、大の医者嫌いを自慢していました。腰や膝が痛むたびに、患部にお酒をすりこみながら、「健康が大事だよ卓ぅ。体を病《や》ましたら、何にもできないよぉ」と健康の有難さを口にしていた祖母。

そんな祖母と二人で、テレビを見ていたある日のことです。「健康第一、健康第一」と繰り返すテレビからの声。てっきり、何度も大きくうなずいていると思っていたら、「一番ではないさ」と、耳を疑うような祖母の言葉。

「お金があっても体を壊したら何にもならんよ」が口癖の祖母が、健康が一番ではないというのはどういうことだろうか？　それでは一番大事なことは何だろうか？

僕が思い付いたのは、自分の健康より大切と考えれば、家族の健康しかないかなと。他にも、いろいろ思い浮かびますが、やはり健康あってのことです。

祖母は言いました。「戦《いくさ》のない世の中が一番大事」だと。

どんなに健康でも、鉄砲玉ひとつで命を落としてしまう戦争。

どんなに健康でも、爆弾ひとつで何もかも失ってしまう戦争。

人間が人間でなくなる悲惨な戦争を体験し、乗り越えてきた祖母の教えは、平和の有難さを忘れてしまっていたからこそ答えきれなかった僕に、強烈に響きました。

戦争が一番恐ろしいこと、平和が一番尊いことは、千立のばあちゃん、池田《いけだ》のばあちゃん、仲立《たかだて》のばあちゃんの三名とも、口を揃えて言っていたことです。

大人になった今、ある程度のことは考えたらわかると思っていましたが、こんなに大切なことでも、教えてもらわないとわからないのです。

仕事やスポーツに励むことも、夢に向かって一生懸命頑張ることも、趣味や娯楽を楽しむことも、家族や友達、恋人との時間も、美容も健康も、戦争のない世の中だからこそ、平和な世の中だからこそ、僕たちは大切にすることができるのです。

僕たちは、戦争の悲惨さ、平和の尊さを、島のじいちゃん、ばあちゃんから「体験談」として教わってきた世代です。いまだに習うものだという感覚があるかもしれませんが、もうすでに僕たちは、子どもたちに「教える立場」なのです。

戦争を体験していないのに、教えきれるものではないと物怖《ものお》じしてしまいがちですが、もうそうは言ってられません。

戦争の悲惨さを、体験者のように伝えきれないと言うのなら、僕たちは誰よりも平和を体験しています。平和な世の中に生まれ、平和な世の中で育ち、平和な世の中に生きています。誰よりも平和の尊さを伝えきれないといけないはずです。

やるべきことはたくさんあります。

健康よりも何よりも、平和が一番大事なことだと、子どもたちに教えるためにも、僕たちはもっともっと真剣に、もっともっといろんなことを知り、もっともっと深く考えていかなければなりません。

「無いものねだりより、あるものに感謝する」

まずは、「平和」であることに感謝することから、始めませんか？

# あとがき

那覇《なは》を拠点に音楽活動をしていた僕は、二〇一一年一月、デビュー十周年と父の還暦を期に、故郷・船浮《ふなうき》に拠点を移しました。それは、宣言していた僕の目標でもあり、夢でもありました。

島に戻って十年。僕の島の宝探《たからさが》しはまだ道半《みちなか》ばですが、これまでに見つけたもので、十分島の生活を満喫しています。

しかし、親しい友人を含め、僕が離島で「不便な生活を強いられ、我慢しながら暮らしている」と思っている方が、非常に多くいることに気が付きました。実際、離島の生活を心から楽しめていない方が、多くいることも感じていました。

不便は、僕たちの「それぞれの心が勝手に生み出しているもの」なので、考え方次第ではどうにでもなる。「不便が残してくれたもの」をしっかりと整理して、離島は最高だよという本を出したい。シンガーソングライターとして、本来なら歌で伝えるべきですが、僕自身、本からいろいろ前向きな考え方を教えてもらい、楽しく人生を歩んできたので、本を書くことが一つの夢でもありました。

今回、不便が残してくれた素晴らしさをまとめるにあたり、便利になることが悪いことで、また便利の象徴である都会が悪い所であるかのように感じられる表現が、多々あったかと思いますが、趣旨をご理解の上、お許しいただければと思います。実際、僕たちが離島で何不自由ない生活を送り暮らしていけるのも、便利になったおかげです。便利はとても有難いことです。それにもまして、「不便」もまた、有難いことだということを伝えたかったのです。

そして、自分の親をリストペクトした項目が多く、違和感を覚えたかもしれませんが、ここが一番便利だと船浮で豊かに暮らしてきたあの二人の考え方、生き様なくして、この本は存在しません。これでも家族を書く項目をいくつか躊躇《ちゅうちょ》しました。その一つが妻です。僕の一番の幸運は、「無いものねだりより、あるものに感謝する」を実践している女性に出会えたことだと思っています。お惚気話《のろけばなし》になるのでやめておきましたが、都会から離島に嫁《とつ》いで、子育て、家業を手伝いながら、笑顔を絶《た》やさずいられることは並大抵のことではありません。

こうして、島の話から、自分の話ばかりになってしまいましたが、「離島でもできるのではなく、離島だからこそできるんだ」を、ちりばめたつもりです。

本書を、読んで良かったと思って頂ければ光栄です。

池田卓（いけだすぐる）

1979年生まれ。沖縄県西表島船浮出身。
2000年「島の人よ」でデビュー。
これまでにアルバム7枚、八重山民謡アルバム2枚を含め、
12枚のCDを発表。
2011年1月、船浮に戻る。
2007年より船浮音祭りを企画プロデュース。全国でライブ
活動を展開している。
シンガーソングライター。竹富町観光大使。
有限会社船浮海運代表取締役。じゃじゃまるツアー代表。

不便が残してくれたもの
西表島・船浮からのメッセージ

2020年3月23日　初版第一刷発行

著　者　池田 卓

発行者　池宮 紀子

発行所　㈲ ボーダーインク
沖縄県那覇市与儀 226-3
http://www.borderink.com
tel 098-835-2777　fax 098-835-2840

印刷所　株式会社 東洋企画印刷

JASRAC 出 2002317-001



ISBN978-4-89982-379-7  printed in OKINAWA Japan